易經說
養生先養心

用六十四種養生智慧美化人生

趙世晃　醫學博士──著

晨星出版

我們天天都在養生，吃飯喝水、工作、休閒、睡覺、玩手機都是養生，看病打疫苗、投資理財、教育學習、養兒育女也是養生。養生的目的不只為了活著，還要活得更好、更長久、更青春、更有光熱。所以，養生的學習便沒有止境，可以說活到老，養生就要學到老，而且養生的結果要不會老，甚至愈來愈年輕。

在養生的學習中，我除了應用了醫學知識，廣泛收納了百科常識，最重要的，是長年在《易經》中的學習心得。於是我有了以下的結論：**養生首重養心，把心養對了，裝進豐富絕妙的養生智慧，養生便會日有所進、月有所長。** 如何讓養生的心快速長智慧？恐怕很少比得上《易經》的學習了。於是，我便興起了用《易經》智慧來勾對養生智慧的念頭。

我的上一本書《易經說減重很簡單》，成功的把《易經》六十四卦的智慧融入減重的心法中，因為減重的成敗往往是個人的想法、價值觀，就是減重智慧的到位與否。減重防胖也是養生的題目，所以我開始尋找《易經》中，除了減重以外的養生智慧，結果出奇豐收，幾乎每個卦都有獨特而豐沛的養生智慧，可以說滿地黃金，俯拾皆是。在寫本書的過程，我發現用養生的角度去看《易經》，可以看到《易經》最貼近生活的實用面，而非只是課堂上艱深的易理，或是高高在上的哲學思辯。可以說，養生的題目把《易經》變得更親民、

更活潑、更口袋、更茶餘飯後、更朗朗上口。

　　既然養生要養心，我把每個卦都編了一顆養生需要的心，和一個實體化的養生主角，譬如乾卦是抗逆之心，配上龍族的養生；坤卦是願意心之，配上馬族的養生；師卦是作戰之心，配上將帥的養生；比卦是親盟之心，配上詩人的養生；中孚卦是誠信之心，配上左右手的養生；小過卦是細節之心，配上毛毛蟲的養生；震卦是共鳴之心，配上波韻的養生；艮卦是相安之心，配上星空的養生；井卦是通達之心，配上一口井的養生；鼎卦是創新之心，配上一口鼎的養生；革卦是改變之心，配上一隻豹的養生……很多的取名都是《易經》原有的類比，非常方便上手。有些則是經過對卦義的理解之後，我精心勾對的，目的是用這些舉例來活化《易經》的養生智慧，讓讀者不再害怕它的艱深。

　　《易經》的智慧，是教人如何把困難變容易，初學者會覺得它很難，我發現用養生的角度去學它，有意想不到的容易。我們都是自己的養生專家，都有一套養生的大道理，用我們熟知的養生道理和易卦相勾對，可以很方便的切入《易經》的學習。所以，養生的道理可以幫助《易經》的學習，或許讀者先試讀乾、坤兩卦後，就會同意我的說法。

　　本書的目的，就是藉《易經》的智慧來幫助大家養生，也藉由養生的智慧幫大家學《易經》。本書的編排以易卦的次序，從乾、坤開始，到既濟、未濟結束。每卦的開始，會有一段和養生智慧勾對的文字，介紹此卦的養生智慧，和它延伸的含意，也會用前、後兩卦的相綜或相錯，來說明兩卦對稱的養生智慧。有些較注重卦理的解釋，有些較重養生的舉例，讀者可以選擇喜歡的部分先閱讀，比較難懂的易理部分，可以跳過或最後再回來讀。研究兩個卦的比對，品味它們的同異，一直是《易經》學習中最迷人的地方，訣

竅就是「慢讀」與「深思」。

　　每個卦都有六個爻辭，代表該卦六種不同層次的卦義，譬如乾卦有「潛龍勿用」，也有「亢龍有悔」，兩爻的養生智慧當然不同，所以要分開來講，讀者也要分開去思考，這是《易經》最精華的智慧。本書對每一爻的演化與轉變，都有詳盡的解說，爻辭裡富含精微的智慧，細讀它們可以了解易卦獨特的氣韻，還有爻辭中多元、多變的養生智慧。如果覺得太深，也可以閱讀卦的大義，省去爻辭的部分，等往後更熟卦義時，再回來讀它也可。

　　把《易經》六十四卦記住，類比把 ABC 二十六個字母記住，因為易卦就是一組特殊的符號，每個符號代表一種智慧。把六十四卦的智慧裝進心裡，比把 ABC 的英文字母裝進心裡更有用，後者幫我們學會英文，前者則幫我們貫通三千年來中華民族的養生之道。學「易」之用，就是把養生變容「易」。從今天開始，就讓《易經》幫大家養生吧！

淺談八卦的養生智慧

　　《易經》是由八卦組成的，**八卦**分別是**天、地、雷、水、山、風、火、澤**，它的古字意分別是**乾、坤、震、坎、艮、巽、離、兌**，相傳是在五千年前由伏羲氏所定下來的名稱，目的是創建一套符號來記錄心中的感想。他用三個陽爻 1 或陰爻 0 組成的八卦，來代表萬物萬事的分類。

　　天是最剛健的，所以用三個陽爻 111 代表；地是最順服的，所以用三個陰爻 000 代表。當雷打到地面，代表天與地的初交，是天神的腳踏上了大地，所以用 100 代表。河水流過了平原，切開了兩岸，形成了坎陷，就用 010 代表。山是高高隆起的地，是地的高頂到了天，所以用 001 代表。相對的，風是沒有了腳的天，所以用 011 代表。火是讓眼睛看見世界的光，所以是讓心與世界相通的窗，就用 101 代表。最後，澤是層次分明的水，也是水下有諸多的生命，所以用 110 來代表。

　　八卦的名稱與意義定下來後，人類應該很高興，原來天地萬物是可以用符號分類的，於是八卦的延伸意義便開始演化。天是神與龍住的地方，所以天代表我們的主人、國王、領導、英雄，有大能力的人，強健的力量。地是供我們蓋房子、種植、旅行的大地，像母親一樣養育我們，像馬一樣順服溫柔，代表廣大的、柔順的、臣服的、眾生的。雷是閃電般的快、是春天的、新生的、開創的、積極的、熱情的、衝動的、加速的。水是阻隔的、危險的、困難的、交錯的、居中的，像鳥一樣身體在中、兩翅在外的。山是高的、靜止的、安定的、慢的、邊界的、最外圍的、減速的，像我們的腳、屋頂、帽子、床，或是樹梢的果實。風是漂浮的、不安的、無形的、上升的，像樹木會長高的，也是陽對陰的接納，是組合的、歡迎的、加法的、容忍的、混亂的。火是光明的、相通的、同意的、美麗的、看得見的、相信的、對稱的、平衡的、調和的。澤是分開的、沉澱的、秩序的、密集的、減法

的、釋放的、表達的、割捨的、選擇的。

　　利用八卦的類比，八卦幫了先古人類很大的忙，讓心智對事物的理解有了對稱性的分類，分類之後還有很簡明的符號幫忙記錄。把世界八卦化，智慧的進化就加速了，因為可以看出事物的同異，本身就是智慧，對養生很重要的智慧。分別老虎與小鹿的不同，有生死存亡的重要性；化同火的光明與誠信的美麗，則能創建共榮的文明。**分異與化同，正是智慧的根本，也是養生的必要。**

　　天卦的養生智慧是強健的意志，是領導的智能，是把自己變強的想法，也是一隻龍練習飛天的努力。地卦的養生智慧是柔順的願意，是服務的心，是用愛把對方保護、養育、包容起來，是犧牲時的滿足，奉獻時的快樂。雷卦的養生智慧是精猛的前進，用熱情征服世界的冰冷，用新生換掉嚴冬的死亡，用勇氣打開嶄新的世界。水卦的養生智慧是垂直的管理，是居中的堅持，左右的猶疑，看到不清楚時的發問，在十字路口學習四通八達的交通，在危險旁邊建立最安全的城池。山卦的養生智慧是安定的靜止，是修身齊家治國平天下，是獨立於孤高，是認識自己的本分，是替萬物定下適當的名。風卦的養生智慧是容忍的彈性，輕鬆與逍遙，是散播與稀釋，是假想與升華，是向神的禱告，是擁抱與歡迎，是加法與幫助，是累積與靈感。火卦的養生智慧是將心比心，是靈通的心，是相信美麗，是平衡的對稱，是滿足與調和。澤卦的養生智慧是分開善惡，是選擇安全的路，是建立相隨的秩序，是密集後的精巧，是最快的果決，是演出與分享，是用減法來簡單。

　　把八卦記熟了，對學《易經》有很大的幫助。用養生來記住八卦，也是一種學易的方法。把心裝進八卦的能量，養生變得更有力氣！請讚美一下學會八卦的自己吧！

六十四卦的
養生智慧

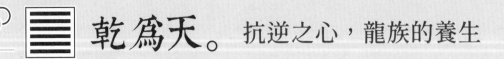

乾為天。 抗逆之心，龍族的養生

養生需要的抗逆之心，代表最剛強不屈撓的本體，像一隻飛龍，藏有天神般的潛能，克服萬難的能量，抵抗邪惡的質量，叛逆與改變的本質，開創新局的壯志，不放棄的意志，不服輸的鬥志，有潛藏屈己的本領，好學與飛高的天性，創新紀錄的人格。

　　乾卦是第一卦，也是唯一純陽的卦，之後的卦都是乾卦在第一到第六爻置換了某些個陰爻而成的。

　　陽爻是 1，陰爻是 0。如此，可以把六十四卦看成彼此陰陽爻置換或交換後的產物。三千年前文王演卦時，用乾卦當第一卦的道理很清楚，這是古代以男尊大，以天比地大，重男輕女的觀念使然，我們不一定要接受它。其實比起乾卦，我更喜歡坤卦。周公也比較喜歡坤卦，他還給了坤卦第五爻一個元吉，就是最大的吉祥。

❀ 卦象說養生

　　對養生者而言，熟讀乾卦是學易的基本。如果沒有時間讀完全本《易經》，先讀乾卦、坤卦，就可算是已入門，因為兩卦各有六個陽爻、六個陰爻，把它們的爻辭學好，《易經》也算啟蒙了。

　　乾卦有六個陽爻，陽爻代表剛強、實在、力量、智慧、意志、訓練、克服、叛逆、不服輸、征服、開創、改變、隱藏、領導、統治、管理、修正、解決、挑戰，一切勝利需要的本質。周公說，乾卦沒有那麼複雜，他用六個爻辭說明了剛強的本質。

潛龍勿用 當龍還小時,為了躲避天敵,最好深藏在水底,不要現身被敵人傷害。

「潛龍」還有第二解,就是龍的強大是因為它會潛藏而更高深莫測。再強的武功一旦被知道,就不是最強,因為總會有破解的方法。最強的武功是可以潛藏的武功,因為看不見、想不到,所以所向無敵。因為無敵,即使不用,也可以嚇阻敵人的入侵。

養生者修「潛龍勿用」,不一定要修最強的武學去打架,而是財不露白的一種習慣,不讓宵小覬覦我們的實力,不要淪為大家的八卦話題,不要惹上懷玉其罪的倒霉事。

 現龍在田 屈身在田耕作,不避低賤。

龍會潛也要會現,但不要先飛天,要先耕田。此時的龍雖然現了,卻是委屈了自己的出現。屈是用柔軟的身段做事,看似柔,其實很剛,是進化的剛,用剛的意志包裝了柔的涵養。能屈能伸的大丈夫,自然是龍的品種。「現龍在田」除了會現、會屈以外,在智慧上更需認同在田耕作的必要性。

我的成長過程從實習醫師一直到醫院院長,除了做適任的工作,還做將任的工作(往後的職務需要作的),但我一直沒有中斷做現龍在田的工作,譬如和病人聊天,幫病人開大小刀,一些

最基層醫生會做的事，至今我仍樂此不疲。有時候我反而覺得，做大醫師的事很無聊，做小醫生的事很快樂。我的岳父廖泉生是臺中的名醫，也是仁愛醫院的創始人，他的專長是皮膚科，他到九十九歲還在替病患看病，他說，看病問診就像呼吸一樣，已經不是工作，是獲取快樂的必要。

我在美國明州醫學院擔任研究員時，指導教授拿加利教授曾跟我說，他用開刀這件事來防老，來領導他的移植外科。據說，拿加利教授一直開刀到八十五歲還不退休。於是我向岳父及指導教授學習，用看病與開刀來養生，用我年輕時最常做的事來訓練自己，現龍在田的習慣，回饋我身心的健康與年輕，從基礎的工作中，創造生生不息的意義與益處。

養生者修「現龍在田」，就是不拒絕做年輕時做的事，從工作中汲取樂趣與意義，從工作中養成沒有貴賤高低的同理心。退休了固然是好福氣，但是喪失的好東西也不少。持續的工作，不間斷的服務，這是養生者的座右銘。

 終日乾乾 把自己丟進競爭的擂臺，不怕比賽，終日努力訓練自己勝利的實力。

要讓龍的本事往上進階，就是參加比賽，讓比賽的壓力加速龍的突變。我們一生都在比賽，比在校的成績、比賺錢、比幸福快樂。不服輸的精神帶著我們成長茁壯，功不可沒。有很多的比賽活動類似遊戲，輸贏不是很重要，可是有益身心，像球類、馬拉松、打麻將、各種藝文習作亦是。

勝負輸贏的心對養生有好處也有壞處。比賽太強，心會承受

太大的壓力，患得患失，會產生身心病，像高血壓、胃食道逆流、失眠等等問題；比賽太弱也不好，心中少了鬥志，少了身心活動的機會，對養生無益。

養生者修「終日乾乾」，就是要維持一生的鬥志鬥魂，在合理的勝負範圍內和人比賽，和自己比賽。打麻將也行，益智遊戲也行，練書法也行，在比高下之間，活出青春洋溢的感覺，活出勝利的味道。

 或躍在淵 突破低潮，努力躍高，勇於嘗試。

讓龍的本領再進階，就是嘗試突破與創新，這樣的力道比參加比賽還強。向歷史紀錄挑戰，沒有過去的經驗，沒有學習的樣本，只有靠自己的智慧，要絞盡腦汁去想，要不怕重摔去嘗試。

年輕時，為了修讀醫學博士要交研究論文，我發現每一篇期刊論文都要有一點創新的意義，才會被期刊接受。研究就是「或躍在淵」。我在三十年前開始發明設計減重用的胃夾具，經過專利申請與證照許可，做過動物實驗與人體實驗，如今已經有四千件以上的臨床實施例，這就是我的或躍在淵。目前我一直在研發新的外科手術醫材，一直在申請專利，一直在創新我的微創手術技巧，這些都是我奉守或躍在淵的養生之道。

養生者修「或躍在淵」，就要不斷動腦去改善生活中的不便或不理想，加速走出生活的低谷，躍上快樂的平原，讓心中充滿美麗的Idea，讓腦筋不停的轉動，製造有益且能突破困境的想法。

飛龍在天　讓身體飛天是難的，但讓心飛天不難。會飛是龍的本事，但光會飛也不難，難的是創造自己獨享的天空。

　　「飛龍在天」是乾卦中最尊貴的一爻，不但有飛天的本領，還有自己獨享的天空。我見過許多飛龍在天，臺積電能做出三奈米的晶圓就是飛龍在天，特斯拉老闆馬斯克也是、臉書、亞馬遜、谷歌、蘋果公司都是。藝文方面，我覺得梵谷、趙無極、朱銘、林懷民、楊麗花、五月天等等都是，都擁有自己一片天空，造就一種別人不容易靠近的高度。

　　此爻的境界可以說是集前四爻功力的總合，不容易修，更不容易維持。只要一不小心，就會掉回去，因為今天的飛龍，不保證明天也是，會有挑戰者，會有潛藏的敵人，會有自己飛不動的時候。

養生者修「飛龍在天」，要有超人的智慧與意志，或許也要有一點運氣，要有不聽從世俗擺布的叛逆心，要有大愛的心，想造福眾生，要不怕孤單、不畏嘲笑，要走出小我、活出大我。不忘給心一對翅膀，讓心飛高，不是為自己的一生，是為眾生的明天，明天的眾生，就是飛龍在天。

亢龍有悔　「亢」是偉大的自信與驕傲，「悔」是後悔與回到卑微的心情，再強的龍，也有失敗後悔的時候，可是明知可能失敗，也敢嘗試的勇氣，是真的強龍。失敗是一時的，悲劇的光芒是永恆的。

二十年前讀到此爻時，知道這是警告人不可太自信驕傲，做出讓自己失敗後悔的事。坊間的《易經》百分百是這樣解經的。二十年後，我的解法變了。

　　龍本來就是要來突破金氏世界紀錄的，害怕失敗與後悔，也就沒有這些金氏世界紀錄的留名者。如果只是讓自己留在「飛龍在天」的境界，愛惜羽毛，不再精進，覺得做飛龍也是罔然，不是真英雄。真英雄是百尺竿頭再進、再進，直到折斷那天。

養生者修「亢龍有悔」，不要只為了自己的貪心妄念，要為大我的信心驕傲，你的一小步，代表人類的一大步，粉身碎骨也無怨無悔。怕後悔的，就不要來當龍；當龍的，就不要怕後悔。

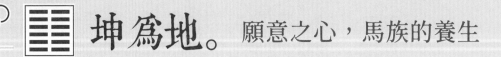

坤爲地。 願意之心，馬族的養生

養生需要的願意之心，代表服務大我的柔順，像承載萬物的大地，富含最溫柔的天性，像永恆時空的虛懷，始終如空白箋的等待輸入，像一匹馴馬的本質，沒有意見與習氣，沒有條件的悠長忠誠，認真侍奉主人的心，像隨時準備為子女犧牲的母愛。

坤卦是個純陰之卦，代表虛無、空白、柔順，像母愛，像大地，像無限時空，像馬，像願意的心，像廣大的眾生，像默默包容我們的保護神。坤卦與乾卦相錯，一柔一剛，一馬一龍，一地一天，讓我們初體驗了《易經》的對稱之美。我贊成兩卦齊修，因為學剛知柔，學柔知剛。這個世界正是諸多剛柔的組合所構成的，用剛柔去看世界，我們可以看到萬物皆卦的妙境，對養生智慧的開發，更是無往不利。

卦象說養生

養生者修坤卦，應學一匹馴馬的柔順與願意，不以被人騎乘而心懷卑屈怨嘆，相反的，要認同服務他人的高貴性，像諸多宗教的信仰者，終身奉獻神的服務也不後悔。坤卦是最接近母愛的一卦，是願意犧牲自己與滿足別人需求的心，也是子女得到至美至善母愛的來源。一顆願意的心，是養生最大的核電場，可以為理想而任勞任怨，為服務眾生而甘之如飴。可以善養小我，更可以善養大我，修成一顆大愛之心。養生當養大愛，在大愛世界中不需呼風喚雨，只需凡事願意。

履霜堅冰至　用鞋履踩踏柔軟的霜，柔霜漸漸變成了最堅硬的冰。

　　就是這句爻辭吸引我進入《易經》的世界長達五十年，無怨無悔。任人踩踏很悲慘，給自己踩踏則不會，是訓練。在練心的過程，我們要同時扮演兩個角色——鞋子與霜，彼此要有願意的共識，這個訓練才會成立。在這裡，剛柔的界線不明。履霜，態度很卑微柔軟，意志卻又很剛強堅忍。

　　養生者修「履霜」，就是修心的凡事願意，用願意來變強。神就是用祂的踩踏讓我們堅強，苦難降臨的意義也是。

 直方大，不習無不利　不曲邪所以直，不圓巧所以方，不小氣所以大，不堅持自己的習氣，這種開放的心，帶來無不利的順境。

　　坤卦原本是一無所有，無形無質。若一定要選一個形質，就選「直方大」，因為最簡單，最不需要花腦筋去圍出一個範圍。這個「大」不是偉大，是大方、大肚、大而化之。「不習」，不是不學習，是不養成難改的習氣。心的成長需要學習諸多事理，學太多了，曲巧圓滑小心就出現，直方大就消失，習氣又多又臭。一匹馬有了習氣就不好騎，一個部下有了習氣就變半個老

闔，這是坤卦失去柔順之心的徵兆。

養生者修「直方大」，是很滋補的。與人交談，直接簡單，沒有
曖昧隱藏；與人交易，方正公平；與人交友，大方無求，沒有嗜
好與忌諱。處世的態度，敦厚直樸、不貪不妄，所以也不易受騙
受傷。

 含章、無成有終　含章是把美玉含在口中，隱藏它，不受貪心
者覬覦，守護它。用這種守護寶貝的心與人交往，不求對方的高
度成就，卻換來有終的長度。

　　心中擁有許多美麗的想法，可以不說，就把它含著、藏著，
一輩子陪伴我們，美化我們。保護著也是「含章」。真正寶貝不
一定要賣弄招搖，可以含著。

養生者修「含章」，就要養成這種默默的寶貝觀，寶貝別人與被
人寶貝的迴圈。被人愛，是因為我們值得被愛；值得被愛，是因
為我們長久懂得含章的道理。像貝殼含著珍珠，養生要讓人生充
滿含章的珍珠。

 括囊、無譽無咎　括囊就是像布袋一樣，把所有的雜物統統包
進去，概括承受，不阿諛讚美，不抱怨怪罪，多聽少說。

　　在臉書的世界，大家都用讚美來交往。長久下來，失去讚美的
日子變得很難過。讚美還有另一個缺點，就是沒有被讚美到的人會
非常酸。有時讚美了一個人，等同責怪了其他所有的人。

讚美與怪罪一樣都是評分，都是出意見，坤卦不鼓勵太多的意見，所要教人要「括囊」。括囊是連不喜歡的事物也要包容進來，類似孔子的有教無類。含章是與美麗的約定，括囊則是與大地的約定。大地不會因為東西太重、太髒而不承載它，柔順的心也是，不要因為不喜歡而排斥包容。

養生者修「括囊」，就要把心變成一個最大的袋子，三教九流，阿貓阿狗都可以裝得進去。時間不會拒絕惡人應有的壽命，空間不會排斥惡人有休息的家，修括囊要用大愛包容，用時空相安。

黃裳元吉　黃裳是皇帝穿的龍袍，它的美麗尊貴，全是為了榮耀主人。人生以服務為目的，要有黃裳的精神，盡心美化自己服務的品質。

一樣是服務，盡不盡心差別很大。最盡心的服務是用最好的自己服務，用最美麗的心，成就最美的黃裳。每個人都可以是黃裳，為他心中的王作黃裳。譬如《易經》是我的王，我就是《易經》的黃裳，用最好的自己來服侍它。

養生者修「黃裳」，要學習成就別人，成就眾生，不是順便作，而是全心全意，作出最好的服務，是得到寵愛的保證，這也是作好皇后或宰相的心法。

龍戰於野　溫馴的馬，為了保護他的主人，變成一隻強龍，在野地裡和敵人作戰。就像母親為了保護子女，勇於犧牲。

由馬變成龍是柔變剛，犧牲自己的心是柔軟的，勇敢作戰是剛強的。在極致的情況，剛柔是反轉的，最溫柔的心，激發出最剛猛的身體；最剛猛的作戰，為了完成最溫柔的保護。

　　坤卦走到這裡，我常常不禁長嘆，如果沒有《易經》的啟蒙，這種剛柔轉換的智慧我是看不出來的。於是我要大聲喊：「至柔就是至剛，至剛就是至柔。」

養生者修「龍戰」也不難。心中有愛，龍戰就在。不要貪心，什麼都愛，這樣會每天都在作戰。選幾樣最愛的，集中戰力，把它們保護周全。為愛而戰，為大愛而大戰，作個溫柔而剛猛的戰士，守護著眾生的幸福。

水雷屯。 行難之心，脂膏的養生

養生需要的行難之心，在阻力下前進，踩著剎車前進，或用螺旋的方式前進。像漩渦，充滿對抗的靜與動；像血液，在凝結與流動間變換；像脂膏，在流體與凝體間轉換；像天體，在離心力與向心力間取得平衡；像經緯，用相垂直的線整理疆土。

屯卦是由水卦 010 與雷卦 100 合成，雷是前進，水是阻力，所以屯卦是在阻力下的前進，不是一路通暢到底，而是曲折盤桓的前進，繞了很多彎，甚至一直繞圈子。

在電磁學中，電流與磁波彼此用垂直的方向互動就是屯卦；子彈在空氣中飛行，速度愈快，阻力愈大，也是屯卦。凡是要快速前進的，都要付出受阻的代價，沒有例外。孔子說：「屯卦是天造草昧，君子以經綸。」所以，屯卦是開創與誕生，是用經度與緯度相垂直的線定位空間，讓不同方向的力可以相平衡，也就是動靜的平衡。

🌸 卦象說養生

養生者修屯卦，應該修動靜平衡觀。就像開車，馬力大可以讓車子加速很快，靈敏的剎車可以把車子迅速停止，兩者的合作才能造就一輛完美的超級跑車。又像我們在風險的意識中投資，才有更高的獲利機會。學習走走停停的前進，在猶疑不決時，冷靜的計畫；在困難重重時，培養前進的熱情；在多元意見下，整合共識，總是動靜相宜。

盤桓　看似左右搖擺不前，卻是認真等待前進的時機。

　　左右盤桓是一種垂直的前進，雖然只是左右踱著步，沒有靠近目標一步，但是確實在動，是又動又靜。把盤桓的距離加大，就成了繞圈子，像地球繞太陽，地球是動的，自轉與公轉都在動，但與太陽的距離沒有動，相對是靜的。盤桓的缺點是前進的速度很慢，優點是它讓思慮更周全。

　　養生者修「盤桓」，要動靜得宜，向心力與離心力要平衡，在繞圓的行動中感受動靜之美，安步當車，或螺旋般的前進，用垂直方向的動，包圍我們的目標。

 屯如邅如、乘馬班如、匪寇婚媾　屯邅是困難前進的樣子，但困難美化了前進，混亂訓練了操控，吉凶檢驗著冒進。很多匹馬一起拉車，車子反而跑不動，因為馬兒的心思不統合，叫「乘馬班如」。遇到強盜被搶了一天，遇到不好的婚姻，男女雙方互相搶了對方的幸福是一輩子。

　　如果沒有水的風險管理，雷的開創與加速是危險的。不過反過來看，這些危險的發生，也教會了我們管理與慎始的重要，進而美化了前進。

　　養生者修「屯邅」，要學習轉化困難折衝，讓它們變成我們敬慎前進的助力，讓我們慢下來而更安全、更溫柔，更富有動靜的韻味。

爻辭 3

即鹿無虞，君子幾不如舍 　即鹿，進入森林中獵鹿。無虞，入林而無嚮導，比喻智慧不足，遇到了危險。如果能預見失敗與危險，不如不要行動。

　　人生大半的危險，來自不知有危險；大半的困難，來自小看了困難，就是「無虞」。君子不做貪進而身陷險境的事，在智慧上就是用不動來避免過動的失敗。

養生者修「虞」與「舍」，就是在行動之前多思慮，多考慮失敗的後果，身體雖沒有行動，但智慧要動，如此就減去了半數以上的危險與困難。

爻辭 4

乘馬班如、求婚媾，無不利 　馬匹變多後操控更難，意見太多的阻力最難。但訓練後可把風險降到最低，動靜調和的思維，用來求婚則無往不利。

　　結婚是人生最大冒險的行動。求婚要成功，就用沒有風險的說法打動對方。把自己駕馭「乘馬班如」的實力展現出來，展現「可虞可舍」的智慧，展現在「屯邅」中美化行動的成果，展現在「盤桓」中動靜平衡的修為。一個可以掌控困難危險成熟的心，一定可以打動對方。

養生者修屯卦，就是修降低風險與困難的智慧，這也是《易經》要教我們的東西。

屯其膏　把太會流動的油製成可以半凝結的膏。

　　「膏」代表動靜協調，快慢精確，象徵萬物皆「屯其膏」。天體的運行是，風中的漩渦是，血液的流動與凝結也是，凡是呈現動靜調和、流凝相宜的事物，都是屯其膏。

　　養生者修「屯其膏」，當知每件事物都有它流凝動靜的兩相，看到兩相的平衡與折衝，就是看到屯其膏。人生不要只會羨慕從旁呼嘯而去的超級跑車，或是千年不摧的神木，用動靜快慢調和人生，在流凝轉換間理解萬相，就是屯其膏。

 乘馬班如、泣血漣如　血的功能設計要有流凝兩相，就是在血管中要流，在傷口外要凝。失去這兩相轉換的功能，就會血管栓塞，或「泣血漣如」。「漣如」就是水中的雷太會動。

　　《易經》說：「動靜失衡的生命如血崩的病人。」這是屯卦的凶險。周公在此爻反轉了第五爻「屯其膏」的動靜合宜，他在提醒我們，原來是水來阻擋雷的前進，卻變成「雷用漣如」破壞了血的凝結，好動的雷變成了危險與麻煩。一般的情況，水是雷的困難，現在變成雷是水的困難。

　　養生者一定要把握動靜轉換的合宜，像在開車一樣。該動卻靜，該靜卻動，都是生命的凶險。

 山水蒙。 問答之心，童心的養生

養生需要的問答之心，代表發生疑惑、包容疑惑、解決疑惑，不斷問與答的迴圈，在養生的路上，偉大的問題勝過偉大的答案，扭曲的形狀勝過頑固的框架，要用勇敢的疑問，挖開虛偽蒙蔽的世界。

　　孩子成長的一個關鍵點是：開始會問問題。這對心智的發展可類比登陸月球一樣的重大，因為從此發問的心智會開始自我演進。用「為什麼」來發掘人生，會帶回整個文明。發問的心，就是蒙卦裡的水；回答的心，就是蒙卦裡的山，這是心智宇宙最緊密的配對。

　　孩子成長的另一個關鍵點是：開始用但是、可是、不過、然而之類的連接詞。這是對語意作垂直轉化的心智。語意在「但是」的連接下，產生了美麗的轉折，不再是直來直往的是或不是，而是可以又有是、又有不是，這是蒙卦的水與山，水是「但」，山是「是」，一停一轉，美妙多姿。

卦象說養生

　　養生者修蒙卦，產生問題也好，產生轉折也好，在蒙卦的山水間，沒有無聊，沒有呆滯，心思不停的迴轉與幻化，如遊龍戲鳳般靈活互動，是一生最美麗的練習。

發蒙 發問，用各樣的問題帶出趣味的人生。

發現問題的心智是聰明的，這比記憶、覺知、感受的心智更高階，是進入邏輯推理的層次。發現問題，解答問題，問與答的心智交流，是人生最重要的活動之一，也是建構心智宇宙的基本公式。

發問是一種對現狀的拂逆與不滿足，也是獲取對更全面真相的一種期待。發問不只是反對，同時要尋找答案。發問前，心中已有假想的答案，但不確定，屬水卦 010 的特質。而答案是確定的，安定的，屬山卦 001 的特質。這樣的山水 010001，一問一答，就是蒙卦。

養生者修「發蒙」，就是用發問來養生。發現不明白，真相的缺角，嚴重的毛病，然後即時訴求修正與尋找解答。養生要養心，養心要養問，尤其是對自己的發問。自己問自己，自己回答自己，沒有比這樣的練習更養心。心養好了，用眾多真、善、美的問題充實心智，養生自然不會太差。

 包蒙 包納疑問，用寬容的胸懷接納別人的質問。

《易經》說：「不要害怕太多沒有答案的問題，愈多愈好，擁抱它們，當作一生的寶藏。」數學上的「費馬最後定理」，經過一百多年的研究，才由愛爾蘭數學家威爾斯破解。人類用了一百年的包蒙，來等待一個數學的解答，甚至用了幾千年的包蒙，等待人工智能。要擁抱問題，排斥問題只會讓智慧的演進延遲。

養生者修「包蒙」時，常發生情緒上的困擾，因為被人質問時，反射性的不悅很難平息。包蒙也是一種止息別人質問的技巧，如果馬上反駁，當然立刻進入爭吵。用擁抱問題來止息爭辯，用時間來等待答案，就是包蒙。

 見金夫、不有躬　對問題或懷疑抱著輕蔑的態度，也不認真回答，是人際關係裂痕的開始。

　　珍視問題可以養心，輕蔑問題會造成誤解。要即時接納問題並尋找解答，簡化問答的流程，加強重要問題的思考，讓不同的問題都能在適切的時間，找到解答。

養生者要防「不有躬」，不要輕蔑問題。

 困蒙　蒙可以養心，也可以困心，太憂心問題的得失，被太多的疑問糾纏，杯弓蛇影，終日惶惶，會讓心智崩潰。

　　從養心變困心，這「蒙」的利弊變化還真大。問題美麗善良，可以養心；問題惡毒難堪，可以困心。面對不同性質的問題，我們應有不同的應對。

養生者要防「困蒙」，要學習脫離惡毒問題的圍困。要經營問題，給予分類整理，留下可以養心的問題，清理有毒的問題。治療困蒙，不一定要找心理醫生，可以自己療癒，不輕蔑問題，但也不受困，大聲說：「我不懂，我不知道，但我知道我不懂，還好我不懂！」有這種柔軟的心，才不會在困蒙中鑽牛角尖而誤入魔道。

童蒙 用天真無邪的心求真，青春的祕密，就是保持好奇的童心。

孩子心中擁有最多的問題，但不受困，反而覺得問題讓明天變得更美，他的成長就是邁向解答的美麗未來。

我見過童心未泯的養生者，總是問些孩子似的問題，看似簡單的問題，細思之下竟有天高海深的意境。你問他問題，他也用孩子似的語言回答你，你會一下子啼笑皆非，可是再深思一番，卻覺得話中有話。周公就是這樣的人，可以把人生的問題化成孩童般的語言，這是高階的養生術，彷彿是在說：「人生再難，也不過幾句童言。」養生，就是養一顆童心未泯的心。人生，就是一場「童蒙」的覺悟！

擊蒙 擊蒙就是解惑，幫別人與自己解開疑惑。

答案的世界充滿似是而非的假真相、假道理，當人類的智能更高時，答案的內容就會被推翻，被否定，換上新的答案。也有很多答案是為了填補心智的恐慌，暫時存放的。所以答案是一時的，問題才是永恆的；問題是真的，答案可能是假的。擊蒙是用答案瓦解問題，更是用問題瓦解虛假的答案。

養生者修「擊蒙」，應該保持一顆開放的心，對心中的答案常常存疑，或作勇敢的修正。問題不會蒙蔽我們，蒙蔽我們的是假答案，是謊言。常清理自欺欺人的謊言，讓心智不受偽善假知識所蒙蔽，是養生的根本。

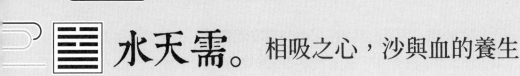

水天需。 相吸之心，沙與血的養生

養生需要的相吸之心，代表用欲求相吸引的世界，一種喜歡的力量，愛的想法，像沙用水的吐納養生，像血用水的流動散播養分，生命因缺乏而變強大，在飢渴中追求酒食的天性，民以食為天的認知，萬有引力般的關係，需要與被需要的總合。

需卦 111010 教我們欲望讓人偉大，也讓人渺小。心有一種潛能，就是感受著欲望並激發強大的動能，再用強大的生命力，滿足生命繼續強大的需要。就是這種欲與需的迴圈，給了生命強大的動能，可以完成可歌可泣的奮鬥，包括了我們的愛。

我原以為《易經》說到愛，會用火卦 101，但是它用了天卦 111 與水卦 010，大概是天的能量可以反轉水卦，讓水變成火的緣故吧！用需要或缺乏來定義愛，是有哲理的。原來心在蒙卦會找到問題，還在需卦會找到需要，找到吸引的力量，找到缺乏與喜愛。

卦象說養生

養生者修需卦，當然要想到愛。愛讓人偉大，但也讓人受傷害怕。我們一輩子都為了愛或需要在努力，為了滿足愛，滿足需要，我們忙了一輩子，值得！但是也很辛苦。人生需要愛，更需要被愛。先滿足自己的需要，再滿足眾生的需要。在滿足眾生需要的努力中強大，是最強的養生。

需於郊 需要一開始很微遠，即使很微弱、很遙遠，生命也能注意到需要的存在，這是無遠弗屆的愛。

有一種引力叫「萬有引力」，充滿整個宇宙，是讓物質彼此不分開的力量。愛也是一種萬有引力，它把人的心緊密連結在一起，但更強大，因為分開愈遠，它愈強。

養生者修「需於郊」，要有全視的智慧，不能只顧很強的需求，忽略了微弱的需求，這樣子往往會活在後知後覺的狀態，無法與未來的需要勾對。要練習察覺微弱的需要，才能替生命加入敏銳的覺知，作一個在需求之海遠航的船長。

 需於沙 有一種需要像水與沙的關係，或乾或濕，我們調控需要如肺泡的呼吸，不貪不缺，是養生的基本。

呼吸吐納是生命的必要，也是最美的氣韻。我們不需要把所有的肺泡都一次裝滿空氣，大約五分之一就夠，這是休息時的呼吸量。如果劇烈運動時，我們會增加數倍的呼吸量，但也是一吸一吐的節奏來完成。在需要與滿足間吐納呼吸，這就是「需於沙」。

養生者修「需於沙」，用最自在的韻，完成部分的吸與吐的循環。第一，它有美麗的節韻，讓人如聆聽音樂般，往來於滿足與需要之間。第二，它是健康的，讓人不會因貪心而傷害了身體。第三，它是哲理的，讓人不因太滿或太缺而產生極端的行為，總是滿足一部分，缺一部分，在或滿、或缺之間，感受生命永恆不滅的消長。

需於泥，致寇至 過多水把沙泛濫成泥，比喻過貪的心追求過滿的滿足，結果引來搶匪的搶奪。

「需於泥」與「需於沙」只有一線之隔，但需於泥是醜惡的，因為太貪心了。即使像愛這般偉大的能量，過多了也是需於泥，叫溺愛，叫偏執的愛。

養生者一定要戒除「需於泥」的壞習慣，因為半數的病出自需於泥，吃太胖，太多的菸酒，太多用腦，太多的工作，太多的藥。把美麗的需於沙變成醜惡的需於泥，是人生最大的浪費。

 需於血 有時需要是隱藏的，像血的需要是藏在血管中，愛的需要藏在心中，知音的需要藏在人群中。

血的需要是複雜的，因為不知道是生命需要水，還是身體中的血需要水。是血需要生命的藏中保護，也是生命需要血的藏中受保護。「需於血」告訴我們，最重要的需要如珍貴的血，要保護好它，因為彼此需要，一內一外，是相守相持一生的需要。

養生者修「需於血」，要用法眼往自己的心中尋找各種隱藏的需要，內化的需要是看不到的，想不到的。保護好它們，不要讓它們乾涸。精微的，小心的，長長久久的，自足而相持一生一世的滿足它們。

 需於酒食 民以酒食為天，最根本的需要如酒食，才是眾生的天，滿足眾生的天是永遠的王道。

酒食的需要是明白而外顯的，與「需於血」相反，它不再是
自己身體內的需要，而是眾人相聚、交朋友、歡度人生諸多需要
的外相。我們用需要連結，用需要表達親愛，用種種的節慶聚餐
強化共生的關係，就是「需於酒食」。政治家用需要管理眾人，
民以食為天的政治學，也是需於酒食。

養生者除了修內化的「需於血」，也要修外化的「需於酒食」。
食養的需要是生命取得成長與維持動能的基本，喝酒是心靈取
得解放與放鬆，產生情感與歡笑，暫時忘卻愁苦煩惱的需要。這
裡我想強調的是要重視這些核心的需要，它們正是養生最大的主
角——食養與心靈情感的滋養。不要忽視它們，也不要縱容它
們，不要貪得無饜，也不要偏激禁絕。酒食可以養生，但也可傷
生。吃喝傷了身心的文明病、身心病，不可不防。

 入於穴　穴是洞穴，進到別人的巢穴，變成別人的需要。

被人需要也是一種需要，最高等的需要是被眾生需要，也是
人生求仁得義的崇高目的。用供需關係建立的秩序，往往會誤
導我們，以為當了欲望的國王，讓全國的人都來滿足我的欲望，
就是人生的頂點。《易經》說：「最高的需要是進到別人需要的
核心。」滿足眾生最核心的需要：或是安居樂業，或是智慧與信
心，或是世界大同。

養生者當知被需要是辛苦的，但是心靈是快樂充實的，要習慣被
需要，像母親被孩子需要，才是愛的到達。

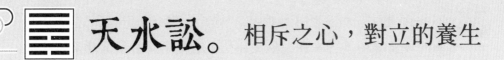# 天水訟。相斥之心，對立的養生

養生需要的相斥之心，像互相矛盾的理論，一山不容二虎的對立，形成事物間的張力，讓彼此不膠著一團，類似相仇恨的心，相爭執的兩方，一種鬥爭相斥的本質，讓事物無法重疊與並存於同一時空。

如果說相需的力量類似愛，那麼相訟的力量則類似恨。我們都喜歡愛，討厭恨。訟卦告訴我們，恨的力量也很重要，因為它可以保護愛。相斥的力量也很重要，因為它讓宇宙不會縮塌成一團。恨或相斥的力量是必須的，如同愛與相吸的力量。

生命用這種分裂為二，彼此鬥爭的方法強化自己。團體也用這種分成二隊、互比優劣的方法，發動強化的進程。一種想法再好，沒有相反的想法來競爭，就無法進化。進化就是不斷用相爭的方法，強化自己；用矛盾的說法，檢驗自己；用激烈的辯論，找到最接近真理的說法。

卦象說養生

養生者修訟卦 010111，當記得蒙卦 010001 和訟卦，同樣有一個水卦 010 在內，只把外卦的山 001 變成天 111，就是訟卦。蒙卦講幫問題（水）找到答案（山），訟卦則講用相爭（水）找到堅強（天）。用相爭來變強，在矛盾中悟道，就是訟卦。

不永所事 不要一相爭就停不下來，會兩敗俱傷。奇妙的是，相爭的本質讓相爭的本身也無法持久，因為相爭的雙方會漸漸彼此弱化，直到無力相爭。

「不永所事」是一句雙關語，一面勸人不要長久相訟，一面說明了相訟的力量無法持久。不永所事是說打架不需要打一輩子，作人和為貴，不打不相識，小打可以，不可打到沒命。

養生者修「不永所事」，要調節相爭的限度，小事小吵，不要小事大吵，心中自有分寸。不要一吵就失去理性，言行激烈，作出一輩子後悔的事。也不要為了愛面子，一時拉不下臉來，變成一輩子記仇懷恨。

 不克訟，歸而逋 發起不會勝訴的相爭，不如從相爭的場域逃退，回到自己的家鄉。

真正的勝利屬於遠離相爭場域、保留實力的一方。決定相爭的輸贏，不一定是雙方誰有道理，或誰的實力較強，有時是裁判的公平與否。在沒有必勝的條件下興訟，一般是勞民傷財，不一定討得到公平。

訟卦 010111 與遯卦 001111 很相近，只差第二與第三爻的對調。所以遯逃與相訟之間，存在一種升華的關係。的確，相訟就是兩方拉開距離，相爭只是形式，讓彼此遠離才是目的。「歸而逋」，拉出距離，從此不再糾纏不清。所以相訟有兩種作法，一是糾纏不清，一是拉開距離。後者顯然更高階，連爭道理也不用，直接用距離相訟。

養生者修「歸而逋」，要學會退逃，用距離來反對。不要為了贏一個道理，長久相訟而糾纏不清，罵了對方一輩子，結果更貼近對方的刀劍，完全得不償失。

 食舊德 不貪新，依靠最老舊的養生法則維持自給自足，如此與眾多革新者相訟，也不會失敗。

「歸而逋」是空間的相訟，「食舊德」是時間的相訟，以舊訟新，新不如舊。食舊是革新的轉進，一如復古是另類的新潮。

養生者要修「食舊德」，因為精神層面的德與智慧，往往愈陳愈香。況且不同時代的舊德，意義也不會相同，往往舊幹中有新枝葉，故食舊德是以訟復舊，在新舊相訟中找到不敗的舊法則。

 復即命 回到命運的大道，不再用相訟去扭曲它，而是用相訟找回它。

「訟」原是互相說對方的錯，如何能「復即命」？也不奇怪，因為負面的批評可以導正錯誤，當我們找不到正確的方向，不妨把錯誤的方向一一刪除，留下的就接近正確的方向。

養生者要學習「復即命」，就找一個很愛批評、很愛說別人錯的朋友，我們稱作「訟友」，用他的批評來考驗自己的選擇，當他無法再批評什麼時，就是正確的選擇了。

訟元吉 善用對抗的力量,讓人得到意外的祝福。

相訟本來是「不永所事」、「歸而逋」、「食舊德」、「復即命」,現在卻出現了「元吉」。原來矛盾可以檢驗真理,用相爭的方法,我們可以了解對方的立場,發現自己忽略的道理。

養生者修「訟元吉」,並非教我們要與人相爭而取吉,而是要作人愛恨分明,在否定或負面的環境,要會拒絕與說不,要用不同意、不苟合、不曖昧來表明立場。用適當的爭吵來辯白心意,用對抗的態度來激發更強的實力。

 終朝三褫 用相訟的方法來升官進爵是凶的,一時得勝是暫時的,終沒有好下場。

從「不永所事」開始,訟卦有不斷反轉自己的特性,所以相訟可以反轉冤屈,先讓自己升官,後來冤冤相報,又讓自己丟官。周公在訟卦爻辭中,從第一到第五爻出奇的表達了他對訟卦的好感,只在第六爻才警告了大家一下。

養生者修訟卦要小心用訟,不可得理不饒人,也不要一路製造冤仇。訟爭宜短不宜長,點到為止,小吵養生,和氣生財。

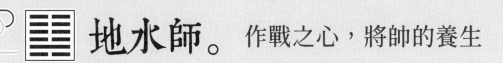

地水師。 作戰之心，將帥的養生

養生需要的作戰之心，是將帥的用兵之術，嚴屬的訓練，團隊以戰養生的認知，用唯一的紀律貫穿萬軍的治兵術，決定勝敗與生死存亡的兵法，每個人都是自己命運的將帥，善用兵法決定勝敗與生死存亡。

戰爭是可怕的、殘忍的，是和平的破壞者，但也是安居樂業的保護者。人類為了戰勝，無所不用其極的發展武器科技，富國強兵，造就了文明的進程。以戰止戰，和平有時要靠強大的武力作後盾。

《易經》用師卦 010000 來講用兵之道，用嚴屬的紀律（水）訓練軍士的順服（地）。它與訟卦 010111 剛好差在外卦的天與地的交換，所以訟卦是一顆心的相爭與矛盾，師卦則是一群人的戰爭與兵法。師卦在爻辭提出了紀律、深入、犧牲、迂迴布局、組織分工、使命等觀念，都是用兵的至高心法。

❀ 卦象說養生

養生者修師卦，不可因討厭戰爭就排斥師卦，因為我們的身體就是一個軍隊，我們的健康，是與病原無數的作戰勝利所獲得的寶貴戰果。生活也是一場戰爭，把每一天當作一個士兵，一年就是一個營的軍隊，把一年的工作完成了，就是打了一次營作戰的勝仗。

有人一生都沒輸過，因為他沒有犯過一天的違紀，忠誠的服務自己的理想。有人習慣一個人勝利，有人則擅長團隊作戰，最後變成企業家，統率千軍萬馬作戰。人生是大大小小的作戰，到處都要用到兵法，

這是養生不能避免的功課。

師出以律　嚴律是戰勝的基本，律嚴則軍強，紀律是遠離病亡失敗的最強兵法。

　　用群之道，首在訂出紀律，讓大家奉守不阿，這是最難的挑戰，因為人性追求多元與自由。要每個人都聽話，一定要用嚴律。嚴律之下的訓練是痛苦的，像心中插進了一把刀。每個人都公平，軍隊才能聽命令作戰。

養生者要養「律」，自然不能一味的伸張自由與個人主義。律可以管眾人，也可管長久的時間，律是貫穿人與時間的寶劍。守律的苦是訓練，守律的成果是甜美的。因為守律，所以始終如一，一生就像雄獅之旅，無堅不摧，無敵不勝。

在師中　帶兵要居中深入，不可只在一邊敲鑼打鼓。

　　訓練者與統帥者居中置要，指揮若定，居中是兼取眾人的平衡點，也是深入群眾的最核心。

養生者修「在師中」，要有深入群眾的決心，有居要點的智慧，有不偏不倚的平衡感。群眾就像一塊田，要得眾人之心，就要在田中努力耕作；要得眾軍之心，就要在各場戰役中表現領兵的才華。

師輿尸　與強敵作戰，會有大量的生命犧牲；與病害作戰，會有病痛與發燒的反應；與惡習作戰，會有扭曲心智的不快樂。

　　既然會有所犧牲，為何還堅持作戰呢？因為捨不得有限的犧牲，就會失去生存的權利。勝利往往屬於敢於犧牲的一方，犧牲就是勝利的代價。

　　養生者修「師輿尸」，不用每天都視死如歸，只要養成付出代價的習慣，果斷明快的付出，自然增加勝利的機率。有時是以小痛換大痛，用小的割捨換大的勝利，用敢於犧牲嚇阻敵人的侵略。

 師左次　作戰可以靈活運動，迂迴用勢，借勢逼降，不一定每次都要真打。

　　善用兵勢，以多擊寡者勝，以快擊慢者勝，借多圍少，借強攻弱，靈活運動者勝。生活之中到處有作戰機會，小從下一盤棋，大如投資一樣生意。

　　養生者修「左次」，不是每天都要決戰，養生要養勝，以懸殊的實力，靈活的布局，百變的兵法，讓敵人失去抵抗的意志。以不戰而屈人之兵，實力也。以無法預測的兵法養勝，靈活的布局與運用也。

長子帥師、弟子輿尸　團隊作戰勝利的基本是命令的執行，命令的執行力靠組織，組織的優劣在位階的倫理，帥與兵的心意相通。

團體作戰必須上下合作無間，將帥與士兵之間必須手足無間，各司其職。

善養生者不只養一己之生，更養一軍之生。生於團隊，死於團隊，一生知戰、備戰、不避戰。用團隊作戰的觀念養生，生活的每天都在組織，在合作連結，在分工協調。

大君有命、開國承家　君王有授命，教軍隊幫忙他開國承家。

團隊作戰最後的目的，就是以勝衛家國。

勝者為王，敗者為寇。養生如用兵，多勝則生，少勝則亡。我們的身體是一個軍團，健康是軍團作戰勝利的成果。團隊的勝利比一個人的勝利更養生，「以勝養生」，我們的幸福生活需要勝利的兵法。

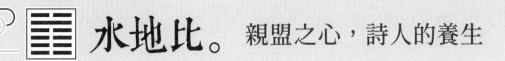

水地比。 親盟之心，詩人的養生

養生需要的親盟之心，用結盟來勝利，用口號來結合，用類比來成群，用連結來互動，用交情來擴張，用交朋友來壯大，是人群的領導學，智慧的符號學，是詩人用詩的隱喻、對比，感動千古人心的原力。

師卦 010000 講帶兵打仗，比卦 000010 則講外交結盟。師卦教人訓練團隊作戰的兵法，比卦則教人交朋友，領導統御的方法。《易經》說：「比卦很重要，是筮卜的根本（原筮）。」卦本身只是一個符號，是靠它的對比與連結，才可以講出一套道理。我們的文字也是比，所有的符號系統都是，都靠意義的連結與對比、類比。

☸ 卦象說養生

勝利要靠作戰的實力是師卦，要靠交朋友的手段是比卦，兩者互相依存，都是養生求勝的必需。詩人的世界如詩如畫，他靠比卦在文字裡勾對人生的美景，心靈的妙境，每個字詞都是他鍾愛的朋友，都連比著美妙的意境，他用詩和眾生的心靈交朋友，眾生也用感動讚美和他的詩交朋友。短短的幾個字，讓人千古傳誦，用的就是比卦的養生。

有孚比之　結交朋友，建立心的連結，靠彼此的信任，先信而後盟，無信則無盟。

「有孚比之」的人，總是說話算話，很守信、守時，很願意幫忙，偶爾達不到我們的要求，他會清楚說明。有好處總是分享，有壞處總是分擔。他像一個透明的容器，你總能一眼看到他的心裡，他也不怕你看，因為信任來自真誠的對待。

養生不只需要錢，更要有朋友，替自己交許多的好朋友，是一生最大的財富。交朋友重信任，信任可以深化感情的連結，是打開感情的萬能鑰匙。

 比之自內　親比的順序是先內後外，力道也是愈靠內，愈強大。

向內連結應該是最容易的，可是不然。有時家人間的連結反而難，吵吵鬧鬧一輩子，愛恨情仇很複雜。可是再難，還是要修內比，算是人生的功課。

養生者修「內比」，首先修與自己的連比，與自己做朋友。其次再與家人連比，化解家人間的嫌隙。再其次是自己的團隊，把充滿競爭敵意的同事，化成可以彼此幫忙的朋友。如果這些內比都作不好，家人不和，組織內鬥，養生就很難。

比之匪人　來親比的人不是善類。

　　不是每個人都可以將心比心。有時會遇到壞人、小人,造成我們的傷害,所以要慎交。可是有時為了度過難關,我們需要與匪結盟,這也是人生的難處。

養生要重交友的品質,從我們交的朋友可以看到自己的樣子,如果你看到不對的朋友,請也回頭看看自己,往往自己也不會太對。一生不免會交到壞朋友,很難排除,重要的是如何風險管理。必要時,要明快割捨,清理損友。

外比之　最高階的外比是類比萬物,和萬物當朋友。

　　連比的目的就是擴張養生的疆界,「外比之」正是把生命的觸角,用連比的方法,伸到無遠弗屆的地方。

最高階的「外比」是天人合一。一草一木都可以帶來養生的靈感,都是心意相通的對象。當然,也不需要什麼都「外比」,太多、太雜的外比在生活上是干擾。天人合一是個理想,點到為止。擴張也不是愈遠愈好,夠用就好。

顯比　我們的心臣服於最顯明的符號。

　　什麼是最明顯?就是最強烈的對比,發出最強烈的訊號,吸引最多的目光,留下最久遠的記憶。所以,不是最靠近身邊的,而是對比最明顯的連結最強。一個力拔山河的霸王與一個嬌弱女子的連結最強,因為對比明顯。

養生要修「內比」、「匪比」、「外比」後，再修「顯比」。讀書用顯比，自然記憶清楚；教書用顯比，自然生動活潑；領導用顯比，自然言聽計從；生意用顯比，自然門庭若市；養生用顯比，自然讚譽有加，遊刃有餘。

 比之無首，凶 結盟而沒有盟主，變成烏合之眾，會有四分五裂的凶險。

比卦和師卦都有經營群眾的功能，師卦為了作戰，比卦為了交友。為何說「比之無首」是凶呢？開始是交朋友這麼不痛不癢的事，結盟後要共舉大事，就要有管理的方法，須定期選出主事者來負責管理，才能維持運作。

養生者當知，有了顯比的號召還不夠，為了共同的理念結盟，還要有管理的方法與負責人，也就是要用智慧來維繫每一份友情。沒有管理的友情，會枯萎變質；沒有用心經營的連結，會鬆脫甚至反彈。詩人的詩沒有主題，終究會被遺忘。

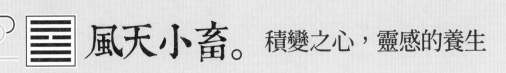

風天小畜。 積變之心，靈感的養生

養生需要的積變之心，積小而成大，積小突變而創新物種，積量變導致質變過程，也是見大而知小的智慧，是機率的世界，一種介於變與不變之間的轉換。智慧來自靈感，靈感是天使的下凡，更是智慧大量運算的成果。

　　小畜的字面意思是最小的累積，像物質是由原子組成，任何整數都是一的倍數，多數的生物是由細胞所組成，多數的巨變是由微變的累積而來。所以小畜在講「小」與「大」的關係。在小畜的哲理中，沒有無中生有。人不會突然成功，也不會突然失敗，仔細調查，一定可以找到諸多的跡象因因。猩猩不會一天之內變成人類，是經過千萬年無數突變累積而來的。如果每次的突變是量變，而新的物種產生是質變，那麼小畜告訴我們，質變來自量變的累積。

卦象說養生

　　養生者修小畜，要練習察微知變、鉅細靡遺的功夫，還要養成積小成大，積小變成大變的習慣。山是一寸寸的土堆高而成，海是一升升的水灌注而成，都是積小的功夫。能夠積小，自能成大。能成大事者，不厭積小；能敗大事者，不察其小。成敗在小，不在大。

復自道 最小的變化就是不變，就是回復原來的道，叫「復自道」。

　　厚實來自積小，習慣、智慧、學問都是積小而來。學問夠厚實，更能發現積小的樂趣；智慧愈高，更能產生創新的靈感；力氣更大，更能發揮控制氣韻的美感。很多的細微之處，是在厚實之後才出現的。

養生者修「復自道」，當知養厚實的益處，一旦有了厚實，由小而大的經驗，會帶出由大而小的覺知。我們每天辛苦的練習技能，讀書求進，先養厚實，後養知微。

 牽復 牽，是牽動；復，是復位。用牽助復，牽是復的小畜，復也是牽的小畜。

　　牽與復相左，也相助，積小變大的過程，既復又牽。譬如把 N 的自然數每次 +1，+1 是牽，復是把 N 變成 N+1，然後不斷續加一，直到變成無限大。

養生者修「牽復」是溫柔的，唯美的，像牽著情人的手，一步步邁向幸福的明天，像作家一字字寫出他的巨著，像畫家一筆筆畫出他的佳作。溫柔是走悠長的路，是用最慢、最輕的手，牽引彼此的舞步。

 夫妻反目 小畜的質變像天氣的陰晴難測，恩愛的夫妻會反目成仇。

由愛轉恨是人生的風景，不是愛的累積會變成恨，而是愛在牽復的過程中發生了毛病。牽復的方向不是往更愛，而是往不愛的方向，從最愛慢慢牽到了不愛，最後變成了討厭與仇恨，就是夫妻反目。

養生者一定要知「夫妻反目」的小畜，是累積不愛而來，是牽復失去了方向，所以感情的細微處要經營，不是每天的一成不變，而是每天的又牽又復。

 有孚、血去惕出、無咎　小畜的結構中有一個風卦（上三爻）、火卦（三到五爻）、澤卦（二到四爻），從信任（火），到毒血與害怕的消失（澤），到不互相怪罪的容忍（風），都是此爻的變化，而此爻正兼有三者的能量。

此爻是小畜卦唯一的陰爻，兼有三種能量，應了小畜的積變與不安的本質。小變是靈感的、可愛的、新鮮的、春意盎然的。而大變是錯愕的、不解的、不安的。讀易先讀小，先練熟八卦中的爻變，再去理解六十四卦的大義會容易些。譬如知變如風 011，通變如火 101，應變如澤 110，安變如山 001，求變如雷 100，阻變如水 010，順變如地 000，壯變如天 111，知小而精，學易不難也。

養生者修「有孚」，當理解量變與質變之間的演化，一如水在冰點下會結冰，是臨界點附近的溫度微變造成水的相變。抓住事物相變的臨界點，就可以利用微變來控制相變。以微而制大，是機變，類似聯準會用準備率來操控物價。養生用機變，以逸待勞，無往不利。

爻辭 5 **有孚攣如** 積小信而成大信，積粗而成精，終於練成左右手之靈犀相通，用其積也，量變通其質變也。

有人說，靈感的來臨如天使的降臨。但我要說：「靈感的誕生不是心智的突變，是心用大數據的運算，日積月累製造出來的。」智慧就是心累積了強大的運算能力，靈感只是智慧的高度達到一定臨界點的產物。有人說是靈感創造了豐富的文明，我要說：「靈感也是智慧的累積。『攣如』，只是信與愛的累積，不是奇蹟，不是幸運。」

默契或靈犀相通，是養生者修信與愛的境界。能夠修到「攣如」的境界，連靈感都能相通。

 爻辭 6 **既雨既處** 密雲終於開始下雨，下雨一段時候，終於不再下了。下或不下雨，都有一種必然，也有一種或然，端看用多長多短的時間去觀察。

人世的風景一直變化著，用小畜去看卻一目了然。雲雨陰晴之間的互變，其實只是積小成大、積少成多的自然。

養生者修小畜卦，自然可以貫穿晴雨變化的真義，養出一雙法眼，看懂這世間不斷變化的風景。

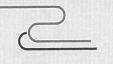

天澤履。 擇安之心，虎口下的養生

養生需要的擇安之心，擇善而行，選擇自己的天命，走出人生的王道，選擇的累積代表一串可以打開鎖的密碼，一組最精確的參數，一種走出迷宮的路線。

人生路上到處是虎口，履就是在虎口下的養生，在危險中找到安全的智慧。小畜卦 111011 講積小而成大的道理，履卦 110111 則講不斷選擇後的唯一路線。小畜是突變的累積，履卦則是淘汰後的僅存。積多了，厚實就出現；淘汰久了，精確就定形。小畜讓人看懂人生多元的變化，履卦讓人找到唯一的王道。前者製造多元，後者確定唯一，兩卦相綜，如詩如畫。

🏵 卦象說養生

養生者修履卦，要學擇善固執，明快抉擇，盡速找到人生一定要走的路。小畜卦教人覺察累積的變化，履卦教人簡化選擇，去蕪存菁，留下最清楚的路。

 素履 走習慣的路。

素履是走舊路，知常為安，選擇常走的路。素的另一解釋還有簡素，樸素簡約的意思。這時素履的意思，就是走簡單的路。

養生者修「素履」，要走腳邊的路，而不是遠方的路。俗話說，走廚房般的路，閉著眼睛也不會走錯的熟路，就是素履。因為我們熟悉，所以走起來安全又簡單，養生的王道就是：熟悉、簡單、安全。

履道坦坦　走光明正大的路，平坦的大路。

「坦坦」有兩義，一是路很平、很大、很好走，一是心中很坦蕩光明，沒有邪曲的想法。平坦容易的路，是眾生常走的路，是「素履」的擴大版，這也是行路的美學，不追求柳暗花明，也不貪圖冒險刺激，只走正大光明的路。

養生要養正氣，就是「履道坦坦」，這是養生的王道。《易經》說：「履帝位而不疚。」心坦坦就不疚，連登基作皇帝都不會愧疚，就是正氣王道養生法。

跛能履　跛了一腿也可以行萬里路。

「跛履」比「履道坦坦」更高，因為它克服了殘缺與不足的挑戰。選擇本身就是割捨，失去了大部分，留下了一小部分，也是進到殘缺的狀態來前進。

養生者修「跛能履」，要守缺知分，樂於方便，安於不便，用缺更猛，少了完美主義，卻多了天的剛強。

爻辭 4 **履虎尾，愬愬終吉** 遇到了危險時，選擇比較安全的路，在害怕中小心是吉祥的。

　　履險而安，正是智慧的用處。有時我們不知何路安全，只能選比較安全的；不知何路最善，只能選較妥善。

　　養生者修「履虎尾」，在不得不犯險的環境，用心選路。在危險中修習選擇相對安全的智慧，練習在擔心害怕中作出果決的選擇。果決加上智慧，連老虎這麼可怕的挑戰，也能安全通過。

 爻辭 5 **夬履** 果決明快的選擇。

　　快刀斬亂麻似的決斷行動，爆發性的動員力來自簡單的選擇機制。在最急迫的事上作最快速的抉擇，「夬履」的智慧充滿緩急之分，輕重之別。

　　養生者修「夬履」，要祛除拖泥帶水、優柔寡斷的習性，也要加速輕重緩急的分辨，對就是對，錯就是錯，減少中間的模糊地帶，自然選擇的速度會加快。

視履考祥，其旋元吉　看法幫助走法，走法也幫助看法，用迴圈式的思考幫助智慧，用回頭或旋轉等迴饋性的動作，加強走法的完美。

在數學中獲取精確參數是電腦運算的成果，一組參數就像一組下棋的走法，或一組中獎的樂透號碼，碼對了，就是履卦走出了正確的路。「視履」就是用眼睛看這些中獎的碼，或是某種無敵的下棋法，「其旋」就是回頭來到下錯、走錯的點，仔細研究分析，讓錯誤不再發生。用過去的錯誤回饋現在的正確，加速完美走法的誕生，就是「其旋元吉」。

要多觀察各種不同的走法，用別人走過的對或錯來修正自己的選擇，減少冤枉路。要學走回頭路，因為路是可以迴旋繞圈子的。《易經》說：「邊看邊走，走回頭再看再走，很快就會找到正確的路。」

 地天泰。 交換之心，必勝的養生

養生需要的交換之心，象徵旺盛的新陳代謝，必勝的格局，熱烈的生氣，熱絡的生意，我強敵弱的現實，實力強大加上時運順暢，健康的身體，美妙的勝局。必勝的養生，就是利多於弊的交換，就是大來小往。

泰卦 111000，是以內卦的天，對付外卦的地，以強對順，以剛對柔，是勝利的布局，也是順境中的強大，是旺盛的生機，春夏般的時令，是漢唐盛世，是國強民富，是火熱的經濟，健康的生命生態。《易經》說：「泰卦是大來小往。」賺的比花的多很多，當然是興盛的局面。

🌼 卦象說養生

養生者修泰卦當然最好，身體上新陳代謝旺盛，生氣勃勃，心理上我強敵弱，雄心萬丈。生意上年年賺錢，名聲上讚美多、負評少。但是高階的泰卦比這些還多，泰卦內天外地，是對自己作最大的交換，而對環境作最大的順應。譬如一個囚犯把自己當作一個帝王，把重重的牢籠看成護城河，開始修他的《易經》，就是周文王的故事。這種轉化困境成順境的功夫，就是泰卦的天地交換。

拔茅茹，以其彙 為了提高效率，用連根拔起的方法來「拔茅茹」。

這個「彙」字有爭議，因為有許多書堅持它是「彚」。但是如此泰卦與否卦的初爻就同詞了，這也不合理。所以我維持它是「彙」。

茅茹是很會生長的草類，它把地下的養分變成它的身高，正是泰卦生意盎然的樣子。雜草長了，代表人的管理弱了，人的強大就用「拔茅茹」來代表，隱喻人與茅草間為了泰而相爭勝的味道。養生者修「拔茅以彙」，要用智慧創造順境，創造比敵人更高效率的成果就是勝利。敵人可以是病毒，是生意上的競爭者，是自己的壞習慣。

 包荒，用馮河，不遐遺，尚中行 用開墾的心變荒漠得綠洲，用克難的精神在沒有舟船時游泳渡河，用巧妙的方法記住很久以前的事，用交換的智慧把左右拉攏在中間。

泰卦不是一個享受者，是一個創造者，創造者用智慧變逆境成順境，享受者迷戀成果而變虛弱。

養生者不該只顧享樂，應日日進益，創造順境。一個人的享樂不是泰，一群人共創順境才是。

無平不陂，無往不復　交換帶來對稱的變化，接著產生循環不已的現象。

「平」與「陂」，「往」與「復」，都是交換而循環的產物，交換如果是物質與能量，就是生理上的新陳代謝，如果是心情與智慧，就是精神上的苦樂明晦。

養生者修泰卦要有新陳代謝、循環變化的觀念，在輪轉的代謝中感受循環之美，一如生老病死與四季的更迭。沒有循環更迭，就是僵凍與死氣沉沉的世界，就不是泰。

 翩翩不富，以其鄰　學蝴蝶的翩翩起舞，在物質世界順從上下的交換，與鄰居們的交換，製造公平與美好。

若只知累積一己財富，而不知分享與濟世，終究變成一個獨夫。泰卦鼓勵人作緊密的交換，如蝴蝶上下波動的飛翔，是有其奧義的。

養生者修「翩翩」，不要守著既有的富足，變成殭化的行屍走肉，要破繭而出，看淡身外之物的得失，要活在與鄰居們共生的世界，活出眾生的關懷。

帝乙歸妹元吉 用最大的割捨交換最大的祝福。

泰卦用割捨來測試我們的養生。只會用加法的養生不是泰，也會用減法的養生才是泰。用一半的財產把妹妹嫁出去，這是帝乙的智慧，因為他妹妹的幸福比一半的財產重要。

泰卦養生智慧就是把自己過多的交換更重要的，尤其是用金錢交換快樂與健康，用地位交換智慧與榮譽。

城復於隍 盛衰始於交換，也終於交換。

最輝煌的城終於傾倒成一堆土，這是虛實交換的必然。交換再交換，就是還原。

養生者知道健康不是永遠的，所以要買保險，要定期作身體檢查，要未雨綢繆。

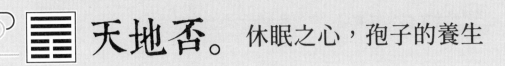

天地否。 休眠之心，孢子的養生

養生需要的休眠之心，用假死求生，面對嚴冬般的環境，象徵生命被否定的困境，最惡劣的挑戰，黑暗與冰冷的世界。植物在逆境中會形成孢子，可以休眠千萬年再復生，這是延續生命最強的設計。

否卦 000111 與泰卦 111000 兩卦相綜又相錯。泰是健康的，否就是病亡的；泰是熱烈與旺盛的，否就是冰冷與蕭條的；泰是生意盎然的，否就是死氣沉沉的；泰是春夏，否就是秋冬；泰是大來小往，否就是小來大往；泰是順境，否就是逆境。

否卦的重要性和泰卦一樣，因為生命要用逆境與嚴冬來訓練自己生存的極限，譬如形成孢子，用最簡單的方式度過沒水、沒陽光的日子；譬如休息與睡眠，用不活動來回復身心的健全。天擇是否卦，種種的逆境中存活下來的，才是更強的生命。泰卦是美好的生命，順境中百花齊放的的生命；否卦是嚴厲的生命，逆境中艱苦卓絕的生命。生於憂患的生命就是否卦，它的重要性一點都不輸給泰卦。

🌼 卦象說養生

養生者修否卦，不需要太悲觀，不用預期死亡而絕望消沉，反而要用最積極樂觀的態度，用接近死亡的覺知，來體驗生命的極限，像孢子一樣，可以度過長冬，接近永恆。只是我們天性排斥否卦，不喜歡想像否卦的內容，也不願未雨綢繆，結果在逆境來臨時變得不堪一擊。所以修否是養生的最後保障，能通過否卦的考驗，才是最堅強的生命體。

拔茅茹，以其彙 用沒效率的方法拔雜草，從腰桿處折斷來拔。

如果泰卦的「拔茅茹」是用心除雜草，此爻的「拔茅茹」就是隨性的除雜草，是間接的讓雜草叢生，進到否卦的狀態。否卦的初現就是效率減低，做一件事花得時間變長，也是逆境的出現。當效率降到零，就是機器故障或生命死亡。

養生者修「拔茅以彙」，要放慢自己。當逆境來臨，要準備讓自己進入冬眠，或是呈孢子的休眠狀。減少投資或是認賠退場，用更低的損耗來度過難關。平時，像高速運轉的機器的話，在否境就要開始降溫、降功率，準備過冬。

 包承 否卦阻擋交換，故包容奉承，形成自閉的環境。

否卦類比亂世的出現，現象就是自閉與封閉，訊息無法交換，價值觀無法交換，群雄並起，朋黨林立。這時不止是效率減低，而是壁壘分明，互相猜疑攻擊。

養生者如何修「包承」？可以同流合污。謊言的世界，有謊言的活法；不溝通，有不溝通的活法；封閉，有封閉的活法。包承，是把生活包在一個包包內，裡面沒有反對的聲音，只有同意與讚美，就像一顆自閉的孢子。

包羞　人生的否境莫甚被羞恥所覆，人性善用黑暗包覆羞恥，內化它形成一個黑暗世界，拒絕與外界一切的溝通，維持表面的光鮮亮麗。

　　人性多先使用「包羞」，就是把羞恥包進了黑暗之中。包羞顯然比包承更慘，這是讓羞恥在內心中冬眠，結果是大家活在不知羞恥的世界。

　　養生者修「包羞」是一種自衛的行為，把羞恥包起來，不讓人看到，繼續抱殘守缺的苟活。含羞帶恥的度過一段時日，像勾踐臥薪嘗膽一樣。只是羞恥不可愈包愈大，否則便要像老鼠一樣暗黑過一輩子了。很多的身心病來自包羞的不恰當，造成內心極大的壓力，必要時應尋找專家醫生的諮商，即早作治療。

疇離祉　周朝的井田制度中，一起耕田的夥伴叫「疇」。「疇離祉」就是夥伴們不再互相幫忙，結果井田中的公田就被荒蕪了。

　　「疇」是大地，「祉」是天神的祝福，兩者相離，不再互相祝福，叫天天不應，叫地地不理。否的能量愈來愈強時，從減少效率，到「包承」、「包羞」，現在變成大家不分工合作，只顧自己的死活，不顧別人的死活也是否，就是我們的私心。

　　養生者修「疇離祉」，就是學自私自利。否境時，自私自利原本也沒錯，自掃門前雪，不要多管閒事。只是這種作法只會讓世界更冷，自私的人心可以加速嚴冬的來臨。孔子說：「否境時要以儉德避難，不可榮與祿。」自己節省一點，知足常樂一點，心還是要留一點熱度，在可以的程度，幫大家度過難關。

休否，其亡其亡，繫於苞桑 生命用休息度過否的難關，最大的否是死亡，可是沒有絕對的死亡，最小、最微弱的生機總是在的，它只是繫在苞桑的種子中。

真正的生命真相是不斷的死而復生。當生命或生意快速崩解時，恐慌是一定會的。修否卦的智慧，則可以看穿生死的假相，把握繫於苞桑的一線生機，好好的死而復生。否卦講逆境，更講復生、復活。

養生者修「休否」，要知所休息，甚至在死亡的想像中，學習日新又新的生命。身體的細胞物質每半年就換新一次，是漸進的、不知不覺的。所以我們活著，其實是很多的死亡與新陳代謝換來的。

 傾否，先否後喜 否是否定，否定的否定就是肯定，我用否自傾，用滅亡的滅亡交換生存。

冬眠就是假死的樣子，生命用冬眠等待春天的來臨。用否卦看人生，我們某程度都在逆境中苟活，都在死亡邊緣學習生存。

養生者修「傾否」，就是用苟活的觀念來檢視自己的養生，檢查自己的耐寒能力，防冬的準備。先否後喜，先有否的覺悟與準備，後有養生的大成。大災大難都難不倒我們，這才是最強的養生氣度。

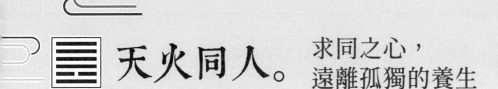

天火同人。 求同之心，遠離孤獨的養生

養生需要的求同之心，代表認同的努力，是遠離孤獨的養生，尋找同志同道，尋找萬物的共通性，尋找生死不變的法則，將求異的心丟開，尋找天人合一的體悟，和解且結束爭吵，統一且結束分化。

　　同人卦 101111 與訟卦 010111 相差在內卦的火 101 與水 010 不同。訟卦講相斥與矛盾的力量，同人卦則講認同與統合的力量。把握萬物的共通性，譬如生命都有細胞似的構造，核酸的遺傳物質，原子分子的化學結構，譬如人心都有求名與求利的本性，就是同人的觀點。

　　把大數 N 化成 1，就是同人；拆開不同的外皮看到相同的內在，就是同人；相爭的兩方找到相和的目標，也是同人。孔子提倡的世界大同，也是同人。同胞、同鄉、同門、同宗、同志、同學、同理心、同盟、同心都是同人，一起做一件事或活在一個環境中，都是同人。

✿ 卦象說養生

　　認同是智慧的基礎。經過許多認同的訓練，我們才能分辨事物的異同。同是我們熟悉的、安全的、一起的；異是我們不熟悉的、危險的、遠離的。當認同心生病時，我們斤斤計較，找不到安全感，與世界產生疏離感、陌生感，變成很難相處的人。因為四海皆兄弟，所以幸福；因為與人相同，所以不會孤單寂寞；因為天人合一，所以慈悲為懷；因為將心比心，所以相知相惜。

同人於門 打開門戶之見，與外界尋同。

門裡、門外應該不同，打開了門，內外通，故大同。

同者，通也。養生者修「同人於門」，有門不閉，雖阻之以千重山，萬重水，亦可通，開門而相通也。通事物之理，同萬邦之情，因為不關其門也。

 同人於宗 用宗氏的小同來求同，好小同而棄大同，讓人羞恥。

念小同則失大同，親小人則遠君子。小同結黨營私，大同兼愛天下，格局自然不同。小同情趣豐富，是密友與知己，比大同的口號更關係生活點滴。人生不可只重小同而輕大同，否則小同反而變成大同的壁壘，最後變成偏私的朋黨客。

養生者修「同人於宗」，當知其弊，要調節小同與大同的平衡，開闊心胸，養千秋大同之命。

 伏戎於莽 持異者強，知同者寡，故伏於莽。

人性好區別敵我，是差別心、差異心太強，認同心、同理心太弱。在敵強我弱的環境，同人用游擊戰代替正規戰。人心多介於持異守同之間，所以看到蟑螂、老鼠會驚叫害怕，看到貓、狗會愛撫。

有些求同之心是天生的，有些是後天學習的。養生者練習求同之心，自然可以少些恐怖害怕，多些慈愛靜謐。

乘其墉，弗克攻　同人躲在箭垛後，以守不攻來養息。

同異的大戰勢在必行，先防守、後攻擊。求同者常受持異者的攻擊，要得到雙方的認同與和解很難，需要長期的談判協調。

養生者修「乘其墉」，要放棄攻擊的習慣，學習防守與和平的方法。差別心是強大的、好戰的，同理心是微弱的。弱者的作戰就是防守，把自己保護好，等同人的大軍來拯救。

同人、先號咷而後笑　哭與笑既相反也相似，相反是一哀一喜，相似是都可以抒發情緒。

硬把哭與笑分成不同也有道理，把先哭後笑合成一種因果循環，更有同人的能量。認同與分異也是，心中持異與守同的作戰綿延千萬年，心情的哭笑也是。

養生者若能靜觀心中的同異之戰，或可看到，人生不過是一場同異交替的歷史。看破了同異的壁壘，連哭笑都能頓解同異。我就是萬物，萬物就是我，就靠近天人合一的境界。

爻辭 6 同人於郊　在荒郊野外同人，是難度更高的同人，因為熟悉度最低，相異與不信認度都高，但也是最有豐收的同人。

用相同去看世界，萬物皆有其生命與靈性，一石一木也不例外。所以，**觀世音菩薩**說：「空即是色，空即是色。」連相反的空、色，也都有相同的本質，何況我們四周的人們，何況有緣相識的萬物。

養生者善與人同，不限制自己的同理心，不約束和解的心，無遠弗屆的發揮化同的智慧，將心比心，慈悲為懷，人生的通路自然廣闊。

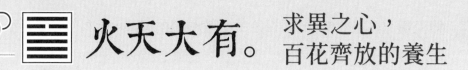

火天大有。 求異之心，
百花齊放的養生

養生需要的求異之心，是百花齊放的養生，代表多元的發展，豐富的品類，大數的世界，分異的天性，異端的極限，沒有標準的比賽，胡思亂想的總合，最大的集合，所有最大的集合的集合。

同人卦是用1來看大數N，大有卦是用N來異化1的品類。同人追求天人合一，世界大同，兼愛眾生。大有卦則追求豐富繁盛，多元奇異，應有盡有。求同與化異，追求的方向不同，營造的連結卻相同，都是N與1的連結，真是美妙的異同啊！

✿ 卦象說養生

養生要追求大有，因為它代表豐富與繁盛。人生要好的美的，應有盡有，最好不要連壞的醜的，也應有盡有！物質上的大有，要賺很多錢，擁有很多財產，享受很多好的事物。精神上的大有，要學很多技能，經歷很多奇異的經驗，體悟高妙的智慧。好的大有人人羨慕，也是一生追求的目標。

要營造豐富與繁盛是有條件的，春秋戰國時期各家學說百家爭鳴，百花齊放，這是周朝分封諸侯的大環境促成。但它也有缺點，譬如紛紛擾擾數百年，年年征戰，百姓苦不堪言。直到秦國統一全國，才成了同人的一統局面。漢朝獨尊儒術，同人卦繼續壓過大有卦。所以，大有的自由思潮不是想要就有，是有條件的。什麼條件呢？周公說，有六項條件。

無交害 同不傷害異，不相害的心是大有的基本功。

統一的想法會傷及分異的想法，專制會傷害多元。

養生除了要懂求同，也要有求異的心。同與異可以並存，不要因為自己喜歡什麼，就限制別人不可以喜歡其它的選項。專制與統一很重要，但是會抹殺多元思維與自由獨立。取捨之間，應該謹慎。

 大車以載 用更大的車，承載更多元的內容。

多元的第二條件是載具要夠大，馬力與容量都要夠大，才能載動多元的世界。多元並不輕鬆，不像專制那樣好拉動，要大容量與大馬力來拉。要多大的馬力？像天一樣大！

養生者修「大車以載」，要先有自知之明，先評估自己的馬力，再選定自己的車具，和可以追求的多元範疇。大有不是追求貪多，而不估量自己的實力，大有是先加強自己的實力，再擴張多元的內容。

 公用亨於天子 用祭祠提升人的想像空間。

想像是創造多元的第三條件，能帶領多元的思維往無限的虛空發展。人間的多元不比天上，因為天上是想像出來的，用天神的想像，可以強化多元。想像本身就是像天神一樣的良能。

養生者修多元的想像，最容易的方法就是與神溝通，在神的天堂

勇敢的做夢，同時不要禁制眾人海闊天空的亂想。多元的想像是神仙般的法力，可以無中生有，可以翻天覆地，這是作人最快樂的一件事。

 匪其彭 是令人厭惡的異類、匪類，讓大有更興盛。

容納異端、匪類的想像，是創造多元的第四條件。就像如果沒有反派惡人，電影的張力就弱了。神仙的想像開啟了正派的多元，但異端的想像開啟了反派的多元。往往反派擁有正派兩倍的多元性，兩倍的異端值。

養生者修「匪其彭」，要有包容匪類異端之心，用生命中出現的壞人來強化大有的豐富。心中忽然有歹念也不要太自責，想想而已。匪類可貴之處，就是加強我們從善如流與擇善固執，異端邪說讓人生氣，也讓正派生機蓬勃。

 厥孚交如，威如 利用交換強化多元的力量，再用力量強化多元的信心，宣告我的人生沒有標準答案，所以美不勝收。

這個世界有一種戰爭沒有停過，就是專制對抗自由，一統與多元作戰。多元自由產生的紛擾是弱點，但可以利用交換溝通來強化。不讓多元自由敗給專制，是第五項條件。

養生者修「交如，威如」，要勇敢戰鬥，強化交換與多元的信心，準備隨時與專制作戰。沒有標準答案不是沒有答案，是一直追求更美的答案，用交換心得來找尋更好的答案。

自天佑之 　上帝創造品類繁多，喜歡自由發展，所以多元的創造，冥冥中有神明的護佑。

　　上帝喜歡多元的程度是令人驚訝的。祂可以把人創造成只信祂的機器人，但卻是讓人有自由意志，去選擇信或不信祂。太偉大了！

　　養生者修「自天佑之」的多元，要多禱告祈福，而祂所回應的答案也一定是多元的。健康與養生都沒有標準答案，因為多元，都是獨一無二的精采。自己有多元的健康，也要幫助別人獲得。幫助的心，是創造多元的第六條件。

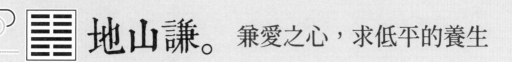

地山謙。 兼愛之心，求低平的養生

養生需要的兼愛之心，代表謙虛與公平的高度，以山的高度求地的廣度，謙是兼言，兼有左右上下，兼有你與我，求取平均值的過程，安住在事物的質點，用生命的高度服務眾生的未來，以高求低平的修為。

　　履卦 110111 與謙卦 001000 是相錯卦，陰陽交換。履卦是用選擇與割捨來強化命運，謙卦則用高度來服務人群。前者精簡了自己反而更強大，後者提升了高度反而更謙卑，兩者都有敬慎的心，都善用了反轉的智慧。謙虛的人心中有眾生，所以願意用自己的高度來換取公平的分配。更細微的謙是兼愛，兼顧彼此的利益，將心比心，也是待人處世的基本功。謙不止求公平，更求願意。人生有了一個願意，就可以吃苦，任勞任怨，更接近喜樂的大道。所以《易經》用高度的山來說明謙，願意的心是君子的高度。

🌼 卦象說養生

　　養生者修謙卦，要學高度與廣度的交換。站立有山頂上不是最高，願意服務眾生而彎下腰的，才是最高。養謙，要練習腰軟，軟到凡事願意，分享比獨樂好，公平比勝利重要。把謙卦養好，有了願意心，即便天天做事，都精神奕奕；有了公平心，更能左右平衡；有了敬慎心，更能精益求精，不自傲而犯錯。

謙謙君子 謙虛就是君子道。

謙是分辨小人或君子的關鍵，以此標準來選朋友與夥伴很準確。謙是兼善，兼顧彼此利益，也是求公平的心，也是敬慎的個性，總覺得自己可以再改進，願意任勞任怨的做事。

養生需要許多的謙，學習以高就低，願意聽、改變，這是養生最關鍵的心法。不因有些成就而怠慢不進，也能持久服務與分享，人生自然順遂通暢。

 鳴謙 向大家推廣眾生公平的道理。

西方的教育教導孩子要自信、要超越、要與眾不同，東方的教育則教導孩子要謙敬，要知不足而自強不息，其實兩種教育態度都對。

養生者修「鳴謙」，不只心存謙敬，還要大聲廣宣謙的道理。不只是嘴巴說說客氣的話，還要大鳴大放推廣。最好的社會是大家都有謙的共識、禮儀。謙是群體生活的訓練與學習，不是天性。

 勞謙 用不辭勞苦來修練謙道。

願意吃苦，甚至苦中作樂，都是修謙卦的心法。學《易經》很辛苦，寫《易經》的文章很苦，可是一想到可以提升眾人的智慧，就化苦為甘。為自己做事是辛苦的，為眾生就不辛苦，就是

勞謙的奇蹟。

養生的方法，若是為了自己活久一點，這是小乘佛法。若是為了
眾生，就是大乘佛法，要花很多倍力氣。吃很多苦也不覺得苦，
謙道一定深厚。用辛苦換來的成就來服務更多的廣眾，才是更高
階的謙。

 撝謙 我揮開不公平的阻擋，開始為維護謙道而作戰。

謙就像共產黨當初推廣財產共有一樣，是要革命作戰的。人
性是自私的，多半喜歡自己可以占便宜，可以高過別人，可以看
輕別人，所以推行謙道需要作戰。

養生者修「撝謙」，要有戰鬥的準備，要大力推開阻擋。這時的
謙道不再是修養與格調，而是作戰的決心。為了推翻不公不義，
貧富懸殊，自私小人，專權跋扈，要浴血作戰。

 不富以其鄰，利用侵伐 我不獨富，與鄰同富，為眾生不富
故，哀兵必勝。

當我們用謙道與眾人的心結合，我們默默養成了戰無不克的
實力。這時，謙道變成了戰勝的基本功，將士同心，無堅不摧。

養生者修「不富」，我為人人，人人為我，就是戰勝的保證。養
生已經不是一己之生，而是養眾生，是既高又廣的養生，大愛的
養生，殊勝的養生。

鳴謙，利用行師，征邑國　同袍之義可同生共死，這種求公平的力量之大，可滅人邑國。

公平是最吸引人心作戰的口號，不公平是令人憤恨的，兩軍作戰，鳴謙者勝，蔑謙者敗。公平更有戰鬥力，不公平的富足徒增紛爭與怨氣。

富足不保證大家都一樣快樂，公平卻可反轉怨氣，讓身心平靜安適。我的老師執業到九十歲，所以我六十歲不敢言老，這是公平心讓我得到願意。養生就是用公平心來鼓勵自己不停的戰鬥。

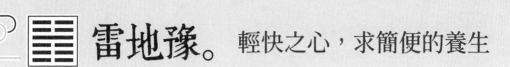

雷地豫。 輕快之心，求簡便的養生

養生需要的輕快之心，在順境中求簡便的前進，不辛苦的策略，方便的行動，可以產生誤差的，有時不公不義的，離開平均值的，偷跑的，自私歡樂的，輕鬆容易的。

謙卦 001000 講兼顧彼此與公平分享，豫卦 000100 則講製造差別與簡便輕鬆的行動。豫是安逸、不辛苦，最靠近地表的行進，向最平順無阻的方向前進。如果謙卦是心懷眾生的公平，豫卦則只顧一己的方便。謙是君子的習性，豫則不是，但也不一定是小人，只追求順利方便的習性，不考慮公平性或對等，自己高興喜歡就可以。在歡笑中前進也是豫，因為歡笑讓阻力減到最低。

卦象說養生

養生者修豫卦，自然笑口常開，沒有什麼大道理，也不理仁義慈悲、將心比心，只要自己高興快樂就是道理。這種利己主義也有它的大義，容許不精確，很像量子力學的「測不準定理」，大家都猜不準，所以輕鬆和樂。

鳴豫，凶 宣揚好逸惡勞，導致不公不義是凶險的。

豫會產生笑聲，因為我們覺知誤差（與現實不同）會想笑。笑聲也製造豫，歡笑中前進最輕鬆。為何《易經》說它是凶？太依賴歡笑會損壞平靜與悲憫的心，行動若只是為了歡樂與貪便宜，便不是君子所為。

用豫養生很容易，只要笑口常開，心情輕鬆，便會加福添壽。一味的追求歡樂也不是長久之計，要日有所憂，月有所慮，不失慈悲，幫忙困難，謙虛敬慎，才能精進不懈怠，才是長久平衡的養生。

 介於石 利用大石的不動，減少河水對我的衝擊。

豫卦的智慧要善用形勢與工具，尋找輕鬆、方便、容易的方法，也是文明與智慧的重要目的。

用「介於石」養生，要找到相對容易的養生法，譬如找一群人一起運動，用眾人的慣性來防止自己的怠惰。要減重，跟著一群瘦子朋友的習慣生活一陣子，自然會減重。站在巨人的旁邊來方便自保，就是介於石。

 盱豫悔 冷眼看別人辛苦，以後自己會更辛苦。

養成只看不做的習慣，會讓人怠惰，一事無成。

用「盱豫」養生，固然暫時輕鬆不用作功，但一直在等不是真正輕鬆的方法，最後反而一事無成，這是盱豫的缺點。最好的方法是一邊看，一邊做。

由豫、朋盍簪　善用自然法則，尋找最容易的方法，譬如用一根簪串起三千髮絲，作法簡單又高效能。

豫卦是自然法則，是流體力學，順從阻力最小的原則流動、演進，在探討物理力學時有不可取代的重要性。它代表簡單容易，正是《易經》的核心價值。

用簡單方便來檢視自己的養生，會發現很多可以改進的地方。簡單的應酬、食衣住行、運動、休閒、旅行、學習、工作……簡單的活下去，正是養生的至高境界。

貞疾恆不死　當生病時，要樂觀堅持簡單活下去。

簡單，就是用多活一口氣來勝利，多贏一分來不敗。豫的最高境界是「貞疾恆不死」。明明每天都活在疾病的威脅之下，卻快樂進取用「活一天，算一天」的態度活下來。

「貞疾」不是最省力的存活法，卻是在困難中創造簡單的心法。贏一百分很難，贏一分很容易，用贏一分來勝利是貞疾。量力而為，簡單過關，見好就收，贏一點點就好，沒死就滿足，簡單在這裡和謙卑相合了。

冥豫 （一）用靜坐、冥想帶來簡單的喜樂。（二）如果「冥」
代表死亡，「冥豫」就是把生前的困難，化成死後的簡單。

　　靜坐、冥想是最輕鬆的豫，因為把活動減到最低，覺知歸
零，不再煩憂，只留喜樂。而看破生死後，生前的困難變成死後
的簡單。

把勝利的困難，化成失敗後的簡單；把創作的困難，化成模仿後的
簡單；把經營的困難，化成放棄後的簡單；把名望的困難，化成無
名後的簡單；把智巧的困難，化成無心後的簡單；把長久的困難，
化成結束後的簡單⋯⋯這些說的都是冥豫。在喜樂中死去，在死去
中喜樂，假想死去之後事情會有多簡單而產生喜樂的感覺，冥豫
也！

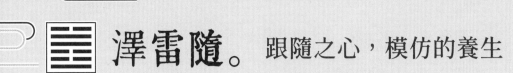

澤雷隨。 跟隨之心，模仿的養生

養生需要的跟隨之心，人隨人，心隨心，行動跟隨誘因，依次序的排列，前進而集中，用心模仿群聚的行動，建立倫理的關係，追隨讚美，追隨信仰，宗教裡的傳道聚信。

　　因為時間的漸進，所以事情有了發生的先後，先後之間又有因果的連結，也有次序的排列，隨卦就是發現這些次序，整理這些因果。

　　人群總會有一個領頭或領導出現，其他的人就跟隨他、模仿他。隨的行動對個體的生存有絕對的利基，因為和大多數人做一樣的事，會得到最多的保護；和大多數人相信一樣，也會得到認同。一邊講因果與次序，一邊講同化與模仿，都是生存必備的技能。

卦象說養生

　　養生者修隨卦，要觀察事物的因果，整理文化中誘因的脈絡。生活中修隨時、隨節氣、隨緣，在對的時節做養生的套路，用對的順序完成任務。在沒有足夠資訊的情況也不驚慌，用跟隨與模仿來行動，中禮守法，不會闖禍。

官有渝 新官上任，宜作入境隨俗的管理，不可頑固，不通人情。

隨俗的管理，是把管理與地方的習俗融合，用別人習慣的方式來管理他，則事半功倍。領導與跟隨是一體的兩面，不考慮跟隨的難處，領導一定會發生阻抗。

養生者修「官有渝」，要在管與隨之間靈活的變化。如此管中有隨，隨中有管，路一直走下去就容易了。管與隨的互動，就是官有渝！

 系小子，失丈夫 跟隨有它的選擇，有時隨是一種割捨與放棄。隨了甲就失了乙，這是隨的困難，也是隨的學習。

隨不是隨便、隨和，而是有嚴厲的選擇面，有得失與對錯的問題。隨是會犯錯的，所以應該隨時改正，有時不能改，那便要有取捨的決心。

養生者修「系小子」，為了愛孩子而疏遠了丈夫是母性。隨小失大是一種情操，代表離開了模仿眾生的安全考量，變成母親照顧孩子的認命。人生因隨小而親愛精誠，因失大而自由解放，不用遺憾。

系丈夫、失小子、隨有求得　跟隨大的，放棄小的，跟隨誘因前進。

　　把得失心放進隨的學習，這是智慧的進步。跟隨誘因，遠離危險與困難，這是行為心理學，也是社會學、政治學，離開對誘因的理解，以上的學問是不成立的。

養生者修「系丈夫」，就是學習大眾心理學，隨大失小，以得失掛帥。這與泰卦的大來小往相似，取捨之間造成得利。用跟隨得到好處，遠離危險，才是隨的真義。

 隨有獲，凶　跟隨大眾搶奪收獲，變成了貪婪的暴民，無法避開凶禍。

　　隨眾可以保護個人不受眾人的排擠。但若跟隨的是暴民，貪婪搶取別人的收獲，淪入了畜牲道，隨眾也無法保護個人的周全。所以可以隨善，不宜隨惡。

養生者修「隨有獲」，要節制自己的貪欲，不讓自己沉淪於物欲追求而無法自拔。隨是選擇善良，不是貪婪。

爻辭 5 **孚於嘉** 跟隨讚美。

　　讚美是萬能的，可以打開任何心鎖。讚美是兩面的，除了帶給對方快樂，更帶給自己隨順的心境。

養生者修「孚於嘉」，不要吝於讚美，不去讚美是因為站在自己的立場，沒有站在對方的立場想。除了很專業的細節，讚美比批評更能製造隨。養生就是讚美人生，讓人生充滿讚美。

 爻辭 6 **拘系之，王用亨於西山** 不要用綑綁對方的方式跟隨，用心悄悄的跟隨，像國王用敬神來強化萬民的跟隨。

　　「隨」原來是把自己的心綁在領導的身上，結果發展到最後，變成把領導綁住，讓他離不我的控制。跟隨與綁架兩件事，尤其在信仰上，真的很難分開啊！

養生者過五十後，心高氣傲，很容易用主見來綁人相隨，用自己的道理綁架神明，神的旨意也變成自己說了算。「隨」是自由的如來，不是用刀架上脖子的信仰，切莫綑綁別人的想法，用處罰對待不同想法的人。

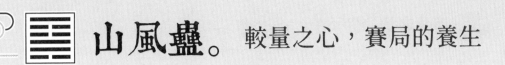

山風蠱。 較量之心，賽局的養生

養生需要的較量之心，參與相同的賽局，既挑戰又傳承，進行存亡的淘汰賽，擺出擂臺的盟主，先亂後治的過程，以升求止，以合求安，在戰鬥中求全勝。

蠱是一群毒蟲相咬後，留下最強的一隻，代表經過淘汰後的結局，由亂而治的過程，或是事情磨合後的定論。我們常用比賽來找到冠軍，用交手來切磋優劣，用擂臺來邀請挑戰者。如果隨卦 100110 是跟隨，蠱卦 011001 就是叛逆，用反對的角色來尋找答案，用否定的行動來尋找肯定。

卦象說養生

養生者修蠱卦，應該用戰鬥的精神養生，因為比賽會刺激生命更強大，也會引導進步的方向。不要放棄比賽的意念，以為與世無爭的日子最安寧和平。錯！真正的安寧是通過混亂的測驗，真正的和平是戰鬥後的默契。用挑戰的精神來傳承，傳承才能日新又新。要把家業傳給下一代，也要接受種種叛逆的試探，最後才能圓滿相傳。

幹父之蠱，有子考　兒子挑戰父親的「蠱」（家業），雙方辛苦挑戰應戰的過程，強化了父子間的傳承。

　　蠱卦說挑戰，隨卦說跟隨，兩卦相反，但又有共通處。譬如參加了擂臺賽，一邊要挑戰對手盟主，一邊也投入了賽局，進行了傳承。人生往往如此，一邊挑戰，一邊傳承，父子關係就是如此。

養生者修「幹父之蠱」，會走一條不安寧的路。戰戰和和是兩代間相處的常態，不用懷疑，不用害怕。如果一生都是和氣的相處，不易吵出一種結合的高度。良性的爭吵是必要的，代表雙方都為了家業的傳承用心良苦。

 幹母之蠱　兒女傳承母親的家業，引來外戚的紛爭。

　　這一爻很難懂，我想到了父與母的不同，在現代已經不明顯了，或許此爻的時空背景已經不在了。但我又想到夫妻之間的戰與和，愛與恨，似乎也有蠱卦的影子。

養生者修「幹母之蠱」，應該看出各種人際關係的戰與和，隨與蠱，賽局中的苦與甜，才不會在爭執發生時驚慌失措。蠱卦的特色就是又吵、又和，又比賽、又共研，既是對手、又是同學。

 幹父之蠱，小有悔　用挑戰美化父蠱的傳承。

　　我是人子，也是人父，以前和父親發生的爭執，如今和兒子上演中。以前對父親的不滿，現在想起來，顯出自己年輕不懂事

和愚蠢。如今面對兒女，有時還是批評多、讚美少，是期待太高
的緣故吧！

養生一定要處理好兩代的關係，不妨多一點讚美，少一點批評，
算是「小有悔」的修養吧！

 裕父之蠱　兒子不傳承父親的家業，另找新的工作。

　　不傳承的心，是隨的結束，但也不是蠱的開始。父子間不一
定要用傳承來連結，有時鬆開彼此的綑綁，兒女另謀生計，也是
可以接受的。既不挑戰，也不遠離，叫「裕」，寬裕的意思。

養生者用「裕」，兩代之間的磨擦會減少很多。用裕時，大家相
安，不吵也不離，默默相互祝福。現代社會，父業不子傳的情形
很多，用裕已是另一種常態。

 幹父之蠱，用譽　我傳承父業裡的讚美與榮譽，也用榮譽來吸
引後代的傳承。

　　家業中充滿祖先的榮譽與祝福。人過了中年，心力漸衰，最
好的生計往往是守成。很多的王國都在守成的階段失敗。能夠守
成的，一定有很高的智慧。《易經》說：「要用榮譽心，能夠傳
承榮譽心的，比傳承贏的方法更高。」因為有榮譽心，所以不敗
喪家德，不為非作歹，不貪圖近利。

養生者「用譽」，上承百年祖訓，下開百年生機，無譽不歡，唯譽恪守，在精神世界上，自然是勝利者。

 不事王候，高尚其事 傳承家業與榮耀，比從政更具悠遠的意義。

　　的確，如果能讓兒女傳習高尚的智慧，會比自己當官發財更高興了！

養生莫過養譽，傳承高尚的榮譽。古人有三不朽：立德、立功、立言，都是高尚的代表。簡單講，就是幫助人度過難關，養人生計，教人智慧。

地澤臨。 演出之心，放空的養生

養生需要的演出之心，盡情的出場表演，放空身心的靠近群眾，登上講臺演講，占有舞臺釋出生命的光與熱，君臨天下的智慧，登陸新大陸的實踐。

人生是一場登臺表演，要轟轟烈烈、膾炙人口、名留青史、驚天動地，如此才不會虛行此生。臨卦 110000 就是這種卦，臨是到臨，接近目標的意思，生命的到位，感覺的到，感動的到，身體的到，心到，智慧的到，厚實的到，都是臨卦。臨卦教我們要貼近自己的心，也是讓自己站上舞臺或講臺的卦，用（澤）的輸出，馴服（地）的觀眾。

卦象說養生

養生者修臨卦，就不能只當聽眾或觀眾，要當主角。要有上臺演講或表演的準備。要學習馴服觀眾的技能，用動人的表演或演說，用讓人驚嘆的作品，讓生命發光發熱，而不是黯淡無光。要讓人喝采尖叫，而不是默默無名。臨卦與泰卦 111000 只差一個謙卦 001000，所以要有泰卦的熱力，不需有謙卦的客氣卑微。當自己人生的巨星，就是臨卦。

 咸臨 用五官感覺強化存在或參與。

臨卦與觀卦 000011 相綜，所以是旁觀的相反，是最深刻的參與。而生命的參與始於感官的覺察，所謂五蘊皆到，眼到、耳

到、手到、鼻舌到、心到。「臨」就是「到」。

養生者修「咸臨」，就是要練習耳目聰明，享受覺知生命的豐富
內容。如果因為衰老而有覺知的退化，也要利用有限的覺知參與
生命的饗宴，常用就不易退化，常用咸臨是養生的基本功。

 咸臨　讓生命活出感動，同時也用生命感動眾生。

　　《易經》重複了一次「咸臨」，這是罕有的。第二次的咸臨
應該比覺知更深刻，是感動的臨。同床異夢、走馬看花、彩排演
習都不是咸臨，要感動到聲淚俱下的經驗才是。要靠近一個人的
靈魂，就想辦法感動他的心。

養生者修「咸臨」，要讓心充滿深深的感動，用真善美的內容去
感動人，也要帶給世間最大的感動，才不枉此生。

 甘臨　好甘嫌苦的生活並不深刻，不是臨的好習慣。

　　甘是甜美的感覺，人人都喜歡。但只有甘味是乏力的，好甘
惡苦的心理是微弱的。人生應該五味俱足才好，才容易接近生命
的深處

養生者修「甘臨」，不可只好甘美而不修酸苦。只好甘美是變相
的逃離。臨是接近，不管是苦酸辣，都要接近。

至臨 盡力的參與，到場。

「至」就是「到」，身體的到，出面出席，不缺席。

我遇過「至臨」的養生者，總是不請假，不找人代替，而且還會早到，作客人比作主人的還投入。人到是誠意的展現，至臨是不受欺騙的保證，是誠心參與，不逃避。

 知臨，大君之宜 用智慧升華身心參與的廣度，國君以此治國。

「至臨」與「知臨」的分別，前者用身體到，後者用心與智慧。太忙的人，就搭配著用。知臨有時比至臨更能感動人心，譬如記住對方的名字，往往讓人感覺親近。如何作到「大君之宜」呢？當然是先記重點，先學生死攸關的，先養賢來幫忙。

國王一定要養賢，找到先知般的賢能之士作我們的朋友，再養一堆的顧問。友多聞，要有上網找資料的本事。知臨者，總是會得到必要的智慧，有即時提供智慧的朋友。

 敦臨 用身心參與形成厚實的經驗。

人生的專業就是「敦臨」，因為一生不離棄，所以累積了厚實的經驗知識。

養生者修「敦臨」，就用不斷的參與或演出，養厚實的習慣，不怕表演，不怕上臺，熱心參與。

風地觀。 遠觀之心，賞析的養生

養生需要的遠觀之心，觀看眾生，遠觀而不近玩，安靜感受生命，冷靜觀察自己，觀賞各國的風情，觀察萬物的異同，一層一層觀著心中的觀世界，在賞析中擁抱美好。

生命需要觀，用形象、動靜、邏輯、五種知覺、心識、肉眼、天眼、法眼、美醜、對錯、真假、吉凶、愛恨。與臨卦 110000 相比，觀卦 000011 是更靜態的生命，輕輕的觀察，遠遠的觀光，靜靜的感受。

觀，一般都是用心去看去感受我以外的世界，所以，觀是把世界帶進心中的總稱。如果把觀的對象變成自己，觀與被觀同時發生，這時候，觀變成把自己拉遠、拉高去看自己的動作。所以觀的動作有兩面，先是把世界拉進心裡，又接著把自己拉開到高空中來看自己。所以觀同時是心的望遠鏡與翅膀，可以拉近世界與心的距離，也可以拉開心與自己的距離！

卦象說養生

養生者修觀卦，要練習敏銳的觀察，去感受這個世界的美好，把心裝滿各種美麗的回憶。還要練習觀心，觀察自己的思想，觀察自己的觀察，像攝影機拉近、拉遠鏡頭，用不同的距離與角度來看世界、看自己，如此更能包容微觀與巨觀的風景。

觀，不只是攝影機，更是編劇，決定把人生寫成什麼故事。把世界看對了，人生就對；把自己看對了，心路便順暢；把故事寫好，一生都

津津樂道；看清楚了再走，便不易走錯路。養生需養觀，以靜御動，以動明靜，如詩如畫。

 童觀 孩子用觀察認識這個世界。

　　我們都從「童觀」開始認識世界。小時候的觀當然錯誤百出，長大了慢慢改。不過長大的觀，不一定比孩子的觀好，因為長大的觀，會有扭曲與偏見。

養生者應該練習「童觀」，用初心看世界，用一片空白看人生，用充滿好奇心，來重看年歲扭曲過的觀。

 窺觀 躲在暗處觀看，可以看到不同的真相。

　　觀的世界充滿假相與欺騙，防人之心不可無，適當的「窺觀」可以看到真相。以管窺豹、以井窺天，也是窺觀，會看到偏狹的假相，所以也沒有一定對的窺觀。人窮其一生都在窺天，在偷看神的真理，而我一生都在窺看周公的易理。

養生者修「窺觀」，當用靜與小，心存謙敬，不要太貪。求真相大白是好的，以此傷人則要慎行。有些真相會傷人傷己，不如不窺。

觀我生，進退 觀察自己，指導自己進退之道。

「觀我生」不是用鏡子看就行，是要用心力去記憶分析。寫日記、記帳、拍照分享都是觀我生。觀可以改變命運。故知觀不是完全消極被動的，是有其變化力的。價值觀和自我形象都是一種觀，都會改變人的一生。

養生者要學習「養其觀」，如何看自己，如何改變看自己的方法，如何改變對命運的看法，如何適時的進退。

 觀國之光，利用賓於王 觀光，利用外賓的評語來改進國家的建設。

觀也要看遠，譬如看別國家的風情建設。用別人的觀點改進自己。而最遠的觀，是用未來看自己，把未來用進來觀，是最難修的智慧。

養生者修「觀光」，要修一個「遠」字，多聽些友人的觀點，用耳朵來觀光。也用未來的想像觀自己，可以改正現在的觀念。養生能靜靜看遠，自然不用臨時抱佛腳。

 觀我生 觀察我的同類，了解並關心，如是我生存著、生活著。

觀的心理有二，一是化同，一是分異。心用同異來看世界，也用觀來整理同異。天人合一，是同的高度；百花盛開，是異的廣度。

養生者面對生命的同異，可高可廣，這是人生最奇妙的經驗！觀而知異同，觀以富麗人生，觀而離死回生，養生先養觀，觀生則我生，觀死則我死，「我觀故我在」，不可不修觀。

 觀其生 觀察眾生的異同，強化對生命界的大觀。

　　觀的到位與否，決定了生與死，存在與不存在。對神、對天地、對星空、對潮汐、對風雷、對經書、對化石、對詩畫，都是「觀其生」。觀中有觀，在觀的訓練中，有人可以達到七層以上的「自觀」，把心放在七層高的寶塔上，一層一層的「下觀」自己的心流，聽說是美妙無比的經驗。

養生者修「觀其生」，除了研究靜坐、冥思的養生功夫，更要精猛如金剛羅漢，用觀點亮天地，讓萬物復生於心。從「童觀」的以無觀有，「窺觀」的以小觀大，「觀我生」的以靜觀動，「觀國之光」的以遠觀近，再一次的「觀我生」的以同異觀人生的富麗，最後的「觀其生」，用觀復育萬物。觀的修為由靜而動，代表了生命的成長過程。養生先養觀，其義大矣哉！

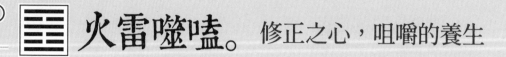

火雷噬嗑。 修正之心，咀嚼的養生

養生需要的修正之心，像咀嚼食物的行動，碎裂食物成可以吸收的營養，斷案的過程逐一排除假設，醫生用它診斷病因，使用刑罰來校正偏差，篩選合適的物件，也是自我批判的勇氣。

　　由隨卦、觀卦進到噬嗑卦，這是三千年前周文王演卦的順序，他的心中應該有一個道理。什麼道理呢？就是從隨卦的跟隨讚美，加上觀卦的看到異同，就是噬嗑卦的校正錯誤，以求完美。噬嗑卦的願意改錯，是看到更好，也是跟隨未來的讚美。

🌸 卦象說養生

　　養生者修噬嗑，要拿出勇氣，有錯當改，也要用智慧，不要愈改愈錯。正確不是一蹴而就的，是一點一點改錯來的。養生要忍痛除錯，修正不佳的習慣。要用心咀嚼，用剛硬的牙齒碎裂食物，把它變成柔細的營養。養生也不可矯枉過正，用太傷人心的方法處罰自己。

（爻辭 1）**履校滅趾**　不合腳的鞋子傷了無辜的腳趾（比喻校錯難，犯錯易）。

　　用傷害或剛硬的方法，像用牙齒去咬，所以難免造成疼痛與傷害，結果得到正確的代價是一生不愉快的記憶。

養生者修「履校滅趾」，要小心用處罰的方法來教人，因為處罰得宜很困難。用刑罰要慎重，不要愈改愈錯，終生遺憾。

噬膚滅鼻 處罰小傷皮膚，心的受傷卻如割鼻嚴重（比喻處罰雖小，也會大傷心靈）。

傷害身體的程度雖小，傷害心靈的程度卻無法評估。有時一句負面的話也是，罵的人無心，被罵的人，心靈的創傷是長久不癒的。

養生者修「噬膚滅鼻」，更應評估處罰後的心靈傷害。有的父母在處罰孩子時，會一起和孩子受罰，讓孩子不生怨恨，知道父母用心良苦。處罰是危險的，非不得已不要輕用。

噬臘肉，遇毒 吃到含毒的臘肉，光用咀嚼無法避免中毒（比喻改錯要擇方法）。

有些錯像狡猾的毒素，會騙過我們的舌與牙，這時依靠的就是智慧了。防毒與篩選的功夫不只用在吃東西，也用在交友、判斷、分辨善惡。

養生者修「噬臘肉」，要練習篩選好壞的功夫，有時方法很有效，有時不靈光，所以噬嗑的功夫要一輩子勤加練習，讓毒物不再有機會傷害我們。

 噬乾胏，得金矢 吃帶骨的肉，咀嚼可以吃得很乾淨（比喻找到改錯的方法）。

咀嚼的比喻是修身的功夫，修正自己的錯誤，讓錯誤的傷害不會繼續擴大。

在刑罰不及身的範圍，很多細小的差錯需要自己改正，像說話得體，舉止優雅，進退高尚，體重控制，收支平衡，都需要時時修正，才能活出精采正確。

 噬乾肉，得黃金 吃無毒的細乾肉，得美味與營養（比喻得到不犯錯的成果）。

噬嗑的功夫可以經過設計布置，達到更完美的境界，食品業者美化了食物，簡化了咀嚼的麻煩，像細的乾肉，吃下後很容易就消化，吸收成營養。如果能活在一個很少有機會犯錯的環境，人生一定更幸福美滿。

養生者可以進化噬嗑的功夫，讓自己遠離犯錯的環境，譬如參加修心養正的公益社團，多讀好書，信仰好的宗教，多結交像魏徵這種會直言糾正我們的朋友，如此我們便減少了犯大錯的機會。

何校滅耳，凶　給罪犯加的刑具傷及他的耳朵（比喻改人之錯反而造成更大錯，錯上加錯）。

　　《易經》不贊同用刑罰的人生管理，不喜歡恐怖的統治，也反對「欲加之罪，何患無辭」的世界，所以反復列舉了用刑的缺點。為政者若有心，可以努力不用刑罰，用完美的教化、風俗、倫理、信仰、禮樂、獎勵，來代替刑罰，讓人民可以活在不易犯錯的環境，所謂的太平盛世。

　　養生者要營造自己的太平盛世，就是在真善美的學習中，製造厚實的無錯環境，在《易經》的學習中強化養生的智慧；讓刑罰不及身，毒害不入心，每天都是「噬乾肉，得黃金」的好日子。

 山火賁。 美化之心，畫家的養生

養生需要的美化之心，像一位畫家，幫美麗化妝，修邊幅，替事物加上
包裝，像定形、定義一件事，說好一個故事，尋找美麗的最後境界。

　　賁卦是替火的美麗，加上一個山的邊框，像在畫一張圖，或是幫美
麗的故事加一個名字，有定形、定義、止於至善的意思。

　　蠱卦用比賽找出最強，臨卦用上臺演出光熱，都有一個擂臺或舞
臺，賁卦則有一個畫布、一枝筆，可以畫出最美。我在練習書法時，成
立了一個小社團，團員相互比較砌磋，是蠱卦，又每天臨帖，是臨卦，
加起來就是賁卦，美化一門寫字的藝術。

卦象說養生

　　養生者修賁卦，當與噬嗑卦相反，不用處罰，用不停的修飾、美
化、妝扮，把最美的圖畫出來。因為求美沒有對錯，所以沒有處罰的必
要。但因為美麗沒有盡頭，必須不斷的精進追求。

　　養生是一門藝術，如畫一張圖，養一個花園，寫一個故事，求一句
座右銘。追求美麗的極致，有時是細節，有時是重點，有時是界線，有
時是想像，有時是簡單，有時是返璞歸真，需要一生的練習。

 賁其趾 把腳趾的細節化妝得很美。

　　生活的細節充滿驚人的美，需要細心才能捕捉一二，有時太

多細節了,心就累了,就忽略它們了。不過它們始終都在那裡,藏著、躲著、睡著,等待細心者的發掘。

養生者動靜皆美,動快時,細節不見了,弘遠呈現了;動慢時,細節呈現了,弘遠就消退了。隨著年歲增長與退休的生活,養生的節奏會變慢,所以細節會愈來愈多。細節變多不一定變美,如何美化細節,是養生者的重要功課。

居家防疫的時間變多,所以我看了許多以前看過的舊影片,我發現更好看,這是以前看第一次時沒有發現的美。電影如此,書也是,很多的技藝也是,如果隔數年再重看或重做一次,會發現很多比從前更美細節。以慢養細,把心停在細節上,其實是另類的弘遠。細節把世界變大了,也把美麗放大了。養生就是不斷的把美麗放大,愈慢愈大。

 賁其須 把門面重點,如鬍鬚,化妝得很美。

五官門面常是社交生活化妝的重點,把握重點來化妝,往往事半功倍,所以重點與細節相對。對養生者而言,注意重點是比較實際的,也比較有效率。

養生者可以一時注意細節,一時注意重點,隨時調整,一點也不矛盾。就像說一個故事,遇到性子急的聽眾,就講重點,遇到愛仔細的聽眾,就講細節。隨時調配重點與細節的比率,才是最會講故事的人。

賁如濡如 畫圖用暈，產生朦朧美感。

圖的邊線很清楚，像照片一樣逼真，不是最美。畫圖用暈，邊線不清楚，朦朧美感反而增加想像空間。寫詩太詳細，詩的隱喻性破壞殆盡，便不再像詩了。故事交待太詳細，一點想像空間也不留，懸疑性與驚異性便不足，像是在讀參考書。

養生者在經營美的故事或美的詩詞時，也要訓練用暈的技巧。養生就是把生活變成清楚與模糊相間、如詩如畫的美麗。

 賁如皤如，白馬翰如 作品加入虛幻與另類的想像。

人生充滿虛實難分，真假相疊的事情。夢境、想像的世界像是假的，但是人物內容又栩栩如生。武俠小說、哈利波特、超人、神話是假的，可是我們愛用他們來說故事，拍電影，因為假的比真的更美。

養生要追求美麗的人生經驗，需要練習運用想像力的功夫，因為想像讓人生如夢似幻，打開了真實的困境。千萬不要把假的當成欺騙、邪惡的，假的夢想有一天會變成真的幸福，假的故事有一天會變成真的回憶。養生需要修練真假不分，虛實兼備。

 賁於丘園，束帛戔戔 丘園是祖墳，束帛是簡單的祭品，象徵用簡單的美，可以穿透時間的考驗。

有些美很快消失，有些流行很快淘汰，有些喜歡很快厭倦，所以時間是檢驗美的一個重要標準，而往往美的元素愈簡單，它穿透時間的能力愈強大。

太複雜的美撐不久就陣亡，簡單的美，很耐；簡單的好習慣，很容易伴隨；簡單的心得，很容易一生相守。養生能養出簡單的美，往往可以陪伴我們到最後。

 白賁 把黑色的邊線反白，還璞歸真最美。

白是黑的還原，化妝的最高是素顏，烹飪的最高是食材，藝術的最高是留白。

養生者需要練習「白賁」，丟下鉛華，遠離形式，還原初心，還老返童。我見過白賁的養生者，他們過著簡單的生活，說著孩子一樣的話，做著孩子一樣的夢，多元的學習跟專業無關，而與夢想有關。如果他們是藝術家，他們的畫會有大量的留白；如果是文學家，他們的文章會有真樸的語句；如果他們是老饕，他們的食物會有最少的調味；如果談戀愛，他們會真誠的追求對方，不多情話綿綿，不多海誓山盟，只有微笑與眼神裡的真誠與無畏；如果要上臺講話或唱歌，總是能用最少的語句，說出令人眩淚的話，用一首老歌，唱出歲月的一絲不掛。甚至叫孩子免了自己的告別式，只發一張道別的卡片，上面寫著：「塵歸塵，我們天堂再見。」養生的方向就是還原真樸，恢復潔白！

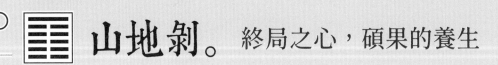

䷖ 山地剝。終局之心，碩果的養生

養生需要的終局之心，像一顆碩果留在樹枝上，呈現最後的樣貌。經過變老衰壞的每天，活到最後的時間，經過長久剝壞後的樣子，碩果僅存的現在，乘著時空的大車活到今天的種種，將近滅亡但還沒的，象徵事物最簡單的定義，故事最後的結局。

剝卦 000001 很重要，因為它和坤卦 000000 只差最微小的第六爻。它是復歸空無混沌的邊緣，是人生的盡頭，也是存在的最後樣子。不過，它也是最微小的生氣，或是萬物的一息尚存。它是現在與當下，因為往後看過去，百億年的歲月逝去後才出現的當下就是剝，因為有剝，今天才得以出現，能活到今天的萬物，都是剝後的碩果僅存。沒有剝，明天不會來，過去不會消失，這是生命的浩劫。

卦象說養生

養生者修剝卦，就像學數學時的 1，是離開 0 的最小自然數。當今天是人生的最後一天，我要如何過？把最後一天也剝掉，只剩下一句話，這一生過去了，我要留下那一句話？都是剝的修為。

修剝卦也可以學 -1，就是離 0 最近的負整數。當今天結束時，我要完成什麼事？如果我的生命還有一萬天，每一天的消失，我要換來什麼？總是用最小的單位，去思考消失的世界，用最後的到達想像人生，就是用剝。養生用剝，微弱而悠長，知末而惜今，慎終而追遠。

剝床以足 壞一個腳的床開始顛跛，剝壞總有最低微的開始。

剝，是結束也是開始，是時間的消滅，也是損壞的開始。生命隨時在剝，生命的困難也在剝。

養生者一定要覺察「剝」的存在，它在我們最不注意的地方，在腳趾、在牙縫、在內臟、在忘記的角落，發現它們，然後整治它們，不讓它們變得不可收拾時才去關心。

 剝床以辨 壞了床板，床的功能全停擺。

剝的出現是累積的、漸進的、由遠而近的。防剝的設計作好，剝的進行就會慢下來，反之就加速。剝無時不在，無所不在，這是養生者的挑戰。

養生就是勤快的防剝、治剝，否則剝很快累積就會讓生命敗亡。從一個人的健康到一個帝國的興衰，都是治剝、防剝的經營，要有遠慮，可以減少近憂。

剝之無咎 淘汰壞掉的床，淘汰對舊床的依賴。

每個人的剝，都有它的難易處。養分愈多的食物，剝壞的速度愈快，富貴也是。一旦身在富貴的高點，受到剝的挑戰也會加倍嚴厲。清靜簡約的生活，適當勞動的身體，適當的受苦，剝壞的速度較慢。

養生者認清了剝的公平性，建構防剝的生活樣貌，是養生的基本功課。如何延緩剝的速度，正是青春永駐的行動。

 剝床以膚 剝壞迅速擴散到皮膚。

剝也是本體最遠、最外圍的邊界，像身體最外圍的皮膚，所以皮膚是生命的剝。剝有兵法，防剝也要用兵法。保護生命，用完好的皮膚；保護家人，用完好的房子；保護國家，用完好的國防；保護名譽，用完好的廣告包裝。

生命是一場防剝、治剝的戰爭，養生也是。觀察我們的皮膚，可以看出剝的訊號，把皮膚保養好，是防剝的基本功。平時有防剝的作戰心理，作戰勝利，則生氣勃勃，容光煥發；作戰失利，則面色暗黑，死氣沉沉。

 貫魚，以宮人寵 要魚排隊成一直線是很特別的，除非牠們有一致的目標，像是國王的宮人們為了獲得寵愛。

剝有一貫的秩序、特性，是由下而高，由卑而尊，由弱而強，由亂而貫。剝的陰柔，像聽話的宮人，只要君王領導得法，她們是很卑順的。卑順正是剝的騙術，陽剛的主人受到了蠱惑，以為她們是歡樂的使者，其實是敗壞的妖人，要治理她們，用「貫魚」，給她們嚴厲的規矩。

養生者修「貫魚」，像用 1 來貫穿所有的整數，當知誰都會老去，但依一定的秩序把剝的過程記錄下來，貫穿它們，就成了我們的傳記或歷史。養生就是貫穿剝的秩序，用微剝的每天，換取生活中巨大的美好與意義。

碩果不食，君子得輿，小人剝廬　　大果能留下來，是因為長久沒被吃掉，眾生都是坐上時空這輛大車，活到今天的寶貝，太頑皮的剝，會把屋頂破壞了。

　　分辨剝的好壞，是治剝的基本，經過了一生剝的洗禮，所留下來的君子，心自然是高尚的。剝治得不好，則連房子的屋頂都剝壞了，只能過著餐風飲露的日子。

養生者修「碩果」與「得輿」，要守住 1，始終如一，把一生變成唯我獨存的碩果，把年歲變成香醇的老酒，把時光變成我的座車，載我馳騁富麗的人生。《易經》說：「剝由微而著，由遠而近，由低而高，君子治剝得其輿，小人陷剝而失其廬。」養生者，不可不學治剝之道。

地雷復。 再生之心，金鋼狼的養生

養生需要的再生之心，像電影中的金鋼狼，受傷後總能最快的復原、還原，比喻事物再生的能力。復有時需要放棄改變的成果，才能回到最初的狀態，用休復來找回精神氣力。進階的復是不容易改變的本質，像慣性，像航空母艦一樣，不易被一顆子彈打傷的本質，是一種上癮般的迷戀之心。

復卦 100000 是剝卦 000001 的相綜，剝是剝壞，復是復原。復原直覺上是青春洋溢，生氣蓬勃，可是復卦有它的陷阱。復卦像把寫滿字句的黑板擦乾淨，回復一片空白。看似再生了一片空白的黑板，但同時消滅了辛苦寫滿的字句。所以復的再生，有了消滅過去的前提。生、滅在復的過程是同時發生的，所以復也充滿了殺機，要殺光過去，重來一次。

卦象說養生

養生者修復卦，當常保赤子之心，再生之趣，總是可以復原好心情，可以按時休息，養精蓄銳，可以一次又一次的重複工作，像電腦程式中的迴圈算子，運算一百萬次也不嫌累。總是找得到回家的路，不會迷失在貪玩的遠方。要養成厚實的好習慣，不被一點小的挫折就打敗。像每天從東方升起的太陽，總是無條件的帶給世界溫暖。

不遠復，無祇悔，元吉　不走太遠，回家就容易，不責怪怨悔，心情就平靜。

《易經》說：「知道復原而不偏離大道太遠，是最強的養生之道。」剝是損壞的力量，復就是復原的力量，兩種力量彼此抗衡。

養生者要隨時維持好的心情，要在心情變很惡劣前，先做復原的工作，不要一直鑽牛角尖，心情很差了，才想到要復原。復原的工作愈早做，愈容易，後悔的心情也是。所以，剝的剋星就是復，尤其是很快的復，不遠的復。

 休復　用休息復原疲累。睡眠可以休復勞累的身心，生命需要大量的睡眠，才能保持正常的運作。休息或睡眠，是復原的手段。

有人問：「可以把生命設計成不需要休息或睡眠的樣子，這樣不是可以增加工作的效能？」我認為不能，因為休息或睡眠不是死亡，不是不作工，而是更繁忙的進行修整的工作，準備在清醒時，可以效率加倍的工作。沒有休息與工作的循環運作，生命一定會更快剝壞。所以，休是復的手段，復是準備衝刺、蓄勢待發的狀態，是靠休息而來。

我見過很會「休復」的養生者，他不需要很長的睡眠時間，小睡片刻即可。他習慣聚精會神的傾聽，但可中斷作放空或放鬆的調息。他可以接受高張力的挑戰，但會以放鬆的節奏，來回復扭曲的身心。他可以日以繼夜的工作，一旦完工，會安排一趟深度旅行。他生命的四季分明，他有自我催眠的能力，可以加倍休復的

速度。他總是安排最長的休息，來迎接重要的挑戰。他拒絕通宵達旦的歡樂，喜歡靜靜冥想，聽輕鬆的音樂，做簡單的家事，不讓煩心生氣的事累積過夜。因為善於休復，所以隨時精神奕奕。

頻復 用頻繁的調適來復原。

剝、復的來回太頻繁會讓人生厭。但是頻繁也是復的手段，需要頻繁復，一定是不安定的，代表剝的力量很強，必須「頻復」來對抗之。頻復有時會手忙腳亂的，有時則是不得已，因為復的行動不一定馬上有效，必須不斷的修改，才能勉強達成。

養生者修「頻復」，當知人生充滿頻復，友情、愛情、兄弟情、心情、激情、血糖值、飢餓感、便意、鬍鬚、車子加油做保養、手機充電，都是需要頻復才不會衰亡。

中行獨復 離開出發點太遠很難再回去時，這時的復可用保持中立，避免極端與迷失，這種復，往往很孤獨。

「中行」與勇於孤獨，也是復的手段。這是球王的必勝密技，因為他總是占住球場的中心點，最容易接到對手忽左忽右的來球。在朋黨盛行的社會，孤獨是很難熬的，要保持初心是困難的，所以在人情事故中，中行的工作很難。

養生者修「中行獨復」，當保持中正不阿之心，獨行中道，不熱心於結黨營私，不委屈求全來交朋友，取中正不偏，孤獨不惑，可說是聖賢之屬了。

敦復 用復原培養厚實，用厚實幫助復原。

　　「敦復」是一種不輕易被改變的本質，即是慣性。厚得像大地一樣，不怕大象來跳舞；厚得像時空一樣，不怕萬物來消耗；厚得像 1+1=2 一樣，不怕孫子來質疑。

「敦復」是養生者的至高境界，呈現一種敦厚的青春，不被年歲磨損，像孩子一樣發問，早睡早起，極簡的生活，氣惱總是一兩句話就釋懷，充滿戀愛的綺想，眼神始終愛撫著萬物。有太多的美麗回憶，有用不完的智慧，所以任何意外的打擊，也不能動搖他散播愛與智慧的習慣。

 迷復 用復追求喜好，迷戀不能自拔。

　　必勝的戰法重複太多次，變成必敗的戰法。在「迷復」這兩字的學習中，我看到了《心經》與《易經》的合體，因為它的意涵「迷失也是一種復的後果」，與「色不異空，空不異色」很像。

復本來是回復原來，是回到家不迷失，可是《易經》說：「復的極致是迷，因為產生了反轉，復用在追求喜好而上了癮，迷戀不能自拔。」很多的壞習慣也是迷復，頑固的脾氣也是，積病難癒也是。養生者修「迷復」，當戒慎恐懼，不可因喜好而迷戀上癮，因小有成就而驕縱自喜，墮入不可自拔的地獄。

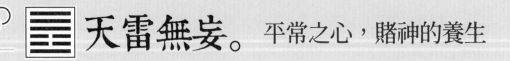
養生需要的平常之心，像一個賭神，面對無常的命運，不可預測的未來，無法猜對的亂數，難解的天意，總能合理的下注，作好風險管理。沒有道理的事，也能理出很有道理的智慧。沒有過度期待的心，隱藏著無畏無妄的平常心。

英國理論物理學家史蒂芬霍金罹患漸凍症，但仍然領導世界了解黑洞的天體。當我看他在輪椅上用眼睛控制銀幕上的鍵盤來發聲說話，我的感動都會把我帶到無妄這個卦。彷彿聽見他說：「天意是個淘氣愛破壞的小孩，而我們的意志總能修復他的破壞，讓生命依然發光發熱。」

復卦 100000 與無妄卦 100111 相差外卦的地 000 與天 111，所以復卦是把原本寫滿黑字的白板擦掉，還原了空白；無妄卦則把白板重新寫滿美麗的人生。我以前以為天意難測是無妄卦中的天，現在我知道，人類不曲撓的勝天意志才是更強大的天。

✿ 卦象說養生

養生需要平常心，可以看淡得失，可以接受意外，可以安慰不幸。平常心很難定義，因為要多平常才算平常，沒有一定的標準！

回顧中國人最慘的是在五胡亂華時代，有幾百年的天災人禍，死了幾千萬人。臺灣近六十年的太平則是僅有的奇蹟，什麼時候會結束沒人知道。命運也是，沒有人說得準。所以只能盡量準備好自己，帶著無畏的心前進，兵來將擋，水來土掩，總會有路的。

無妄往吉　我無畏的前進未來與面對無常。

　　沒有妄想，就是平常心；希望要如何，就是期待心；非如何不可，就是貪妄心。從無妄到貪妄，我們的心，泅於無妄與有妄的兩岸。

養生要養平常心，一般的平常心很脆弱，所以怨嘆謾罵不斷。人生莫大於生死，生死是意外，也是平常。如果能把生死看成平常，平常心大概就及格了。

 不耕穫，不菑畬　有時我很幸運，不耕作卻有收穫，不除草卻有良田，比喻天意難測，好運氣也是一種無妄。

　　運氣好的人生是可喜的，可以高興一天，超過了，就失去了平常心。

養生者修「不耕穫」，要用平常心面對好運氣，《易經》說：「福者禍所居。」幸福旁邊住著災禍，所以不可因一時高興，就忘記災禍就在身邊，要有警覺心。

無妄之災，或繫之牛　有時我很倒霉，繫綁在門外的牛，被人順手牽走，比喻災禍也是一種無妄。

人生出來就少了幸運，天生的殘缺，老天也不賠。有人年紀輕輕就得了絕症，無語對蒼天，這時候要有平常心的確很難，可是還是有人做得到。

養生者修「無妄之災」，更要用平常心把對天意無常的害怕踢開，大無畏執行人定勝天的意志心。平常心才是天，是人類前仆後繼戰勝命運的心，不卑不亢，禍福平常。

 可貞，無咎　無常，沒有道理，也是道理。

講道理是人性，不講道理是天意，升華的人性可以接受不講道理的天意，於是沒有道理也能理出新的道理。

養生者一定要養道理，像座右銘、良知、價值觀。只是我們的道理往往被有限的經驗所困，甚至扭曲，並不是放諸四海皆準。當我們碰到沒有道理的事件，必須讓心包容沒有道理的天意，包容心中有這麼多「為什麼」。

無妄之疾，勿藥有喜　平常心生病了，不用吃藥，轉個念就治好了。

生病是無常，但也是有常，因為病不會憑空出現，是有一定的病因累積而來。

當養生者修「無妄之疾」，要讓講道理的心性升華，用平常心超越有常、無常的爭辯，很多的心病就痊癒了。

 無妄行，有眚　用無常解釋天命，凡事都歸咎天意，是有災禍的。

遇到失敗就藉口運氣或天意，而不作人事的改進，這是弱者的行為。正確的平常心，是用萬全的準備來迎接未來的變數，所謂「盡人事，聽天命」。

我見過很多靠運氣做事的人，尤其是愛賭的人，買股票的投資客，魯莽冒進的探險家，多數人失敗了，不是敗在天意，是敗在「無妄行」，沒有周全準備的行動。

養生者要修正「無妄行」，要用有常戰勝無常，有時冒險是不得已的，但是先作最充分的準備，最詳細的研究，把失敗的風險降到最低，如此才是避禍求福的無妄智慧。

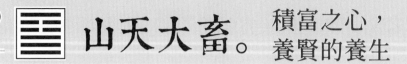

山天大畜。 積富之心，養賢的養生

養生需要的積富之心，馴化萬物而大富，大量的貯存資源、金錢、人脈、通路、人才，挖掘考古的世界，搜尋記憶裡的寶藏，貯藏在過去的財富，把時間停在自己的口袋，把時間像小龍養在自己的家裡，像養賢一樣，讓它長大後變成一生取之不盡的財富。

我們的身上都有致富的潛能，都有天神般的勢能，要發掘它們之前，要先有掌控它們的工具，才能安心的利用其通天本事。天 111 是孫悟空，山 001 是金箍扣，給孫悟空戴上金箍扣，就是天上有山的大畜 111001。

卦象說養生

養生修大畜有六層功法：自我管理，戒去惡習，整理身邊工具，善用閒時準備技能，即早養賢，化敵為友，掌握通路。大畜就是最大的積畜。畜什麼呢？生命，有用、會成長的生命，像龍一樣的大能力賢者，像我們一樣強悍的對手，像歷史上最厲害的成功者，像天一樣廣大的通路。怎麼畜？馴化他們，接收他們的智慧。

爻辭 1 **有厲，利已** 致富始於除惡習，整治頑固的自己，頑固的壞習慣，能馴服整治自己，是富可敵國的第一步。

「有厲，利已」，就是孫悟空幫自己戴上金箍扣。能自我管理的人，就開啟了富可敵國的第一步。

養生者修「有厲，利已」，整治自己的惡習劣根性，掌控自己的情緒，不讓自己任意學壞作壞。

輿說輹　車子的輪子壞了，但我善於修復，身邊沒有不堪用或閒置不用的東西。

　　工具若不細加管理，很快就會損壞，可以用周邊事物的堪用率，來評分自己未來致富的能力。身邊有愈多不常用或不能用的東西，以後要富可敵國的機會愈渺茫，反之則愈高。

養生也可以養富，身邊沒有閒置不用的東西，這是比「有厲，利已」更高階的致富之道。我看過一些有錢人，看到喜歡的東西就買，但是並不常用，最後房子裡堆滿了高貴的廢物，當然富貴也不會繼續升階，因為他浪費了替富貴增值的身邊物。富貴不靠累積與占有，要靠修復與整理。隨時評估自己的浪費度，買不穿的鞋子減一分，買不用的家俱扣兩分，買不用的音響減三分，買不用的房子扣一百分，上不用的大學減兩百分，參加不用的社團扣三百分……修整身邊的東西，發揮其最大值，延伸這種習慣，庶幾可以致大富。

日閑輿衛　我善於用閒，活化時間的應用，預先練習必要的作戰技能，機會來時，不用臨時抱佛腳。

沒有比善用時間更重要的致富習慣。是的，擁有一樣多時間的兩人，甲拿去睡覺玩樂或無所事事，乙拿去學習、工作、考執照，乙的命運一定更豐富多元。

養生者修「日閑輿衛」，當知準備要花時間的，準備致富更是。機會稍縱即逝，更是垂愛即早準備的人。積極為致富作準備，就是日閑輿衛。

 童牛之牿　即早養賢，幫小牛套上角套馴化牠長大。

人類馴化了馬、豬、雞、稻米等很多有用的動植物，豐富了人類的幸福生活。

馴化就是養賢。廣義的「賢」，就是對我們的幸福有幫助的人事物，像是一技之長，好的投資，公司團隊，兒女，語言，益友良師。他們就像會長大的小牛，一旦被馴化了，以後就有大用。歷史上決定帝國的興衰，不在君王一人的智愚，而是他手下的謀士群的賢能忠奸。我們一生的幸福或辛苦，也決定在我們養賢、用賢的程度。

 豶豕之牙　化敵為友，我馴化仇敵變成我的護衛。

豶豕是被閹割後的山豬，是馴化後的野生動物的總稱，牠的牙齒是銳利的武器，可以用來守衛我的家園。

養生者一定要重視這個題目：如何轉化敵友關係。一生中最大敵人是自己，所以一定要先馴化自己，不要讓自己為惡害了一生。其次就是針對各種的敵手的馴化。有些敵人不消滅，自己就活不成，那就即早消滅之。有些敵人消滅不完，但是可以共生，就即早馴化他們，化敵為友。《易經》把化敵為友的智慧放在大畜卦的第五尊位，可見它的重要與困難度。在無妄卦中的第五爻講「無妄之疾，勿藥有喜」，教人在「無常」與「有常」間靈活的轉念。大畜卦的第五爻，也講敵友觀念上的轉念。既簡單又最難，就是轉念。是敵、是友、用賢、用奸，常在一念之間。

何天之衢，亨 把天扛在肩上的，是地上四通八達的交通網路，用通路與雲端平臺致富。

前面講把天馴化，這裡講把天扛起來，這是三千年前周公預言的網路世界，可以造就最大的財富。天是無形的，如何可以扛起來？《易經》說：「可以的，用通路，用人間的通衢。」像今天的無遠弗屆的雲端、網路。

今天的養生者一定要「通天之能」──就是上網，幾秒內就搜尋到我們要的資訊，比三十年前上圖書館查資料的速度快了一千倍，每個人都有能力建立一個比大英圖書館還大的資料庫，因為我們已經馴化了電腦，教它為我們作很多很多傷腦筋的事。如果說資料庫是一種財富，我們每個人都比一百年前的帝王還富有。網路也讓我們享有最多元公平受教育的機會，只要打開 YouTube，認真研究一個月，我們就是某些領域的半個專家了。網路的世界，就是「何天之衢，亨」。

山雷頤。 大圓之心，活出慧命的養生

養生需要的大圓之心，把養生的範圍極大化，包括食養鏈的循環、生態圈，經過一次顛倒而首尾相接的大圓，象徵一種不滅的慧命，是包括生命相養大大小小的圓圈，與所有圓集合成的最大圓空，一種輪轉不止的靈慧生命。

頤卦是一個大圓，用山的上卦與雷的下卦組成。人生充滿大大小小的圓，就是頤卦。頤是養的意思，就是食養鏈，你養我，我養他，最後相養成鏈、成圓。

我在讀有機化學時，要背好多的化學反應式，它們彼此間是雙向的，是一個小迴圈，一個生成一個，最後又回到最初的化合物，形成一個大迴圈。所以迴圈不只充滿地球的生態，也藏在我們的細胞。多元豐富的生命界，充滿了大大小小的圓圈。否極泰來是，無往不復是，履霜堅冰也是，樂極生悲也是，冬盡春來也是。

卦象說養生

養生修頤需要大圓之心，不再活在單向的養生觀，而是循環迴圈的養生觀。萬物養我，我也養萬物。春天在冬天之前、也在之後，因為四季循環不已。因造成果，果也造成因，果的存在讓人發現因，願意養因求果。頤卦說命有大小，小的叫生命，大的叫慧命。養生要養生命，更要養慧命。

舍爾靈龜，觀我朵頤　重視短暫的食養之命，捨棄永恆的靈慧之命！

人生有兩條命，一是可以生養、食養的生命，一是用輪迴轉世不斷循環的慧命。前者百年，後者不朽。

養生者修「靈龜，朵頤」，當知有兩種生命觀，一是用自己的靈性去領悟不朽的生態循環，一是用自己的肉身追求每餐的溫飽。《易經》說：「只求短而捨長，是不吉祥的。」養生一定要會雙修，既修短、又修長，長短兼修，生死無憾。

 顛頤拂經，於丘頤　顛動與頤靜，拂逆與經常，彼此循環，循環鏈是既動又靜的組合，一個小山丘也含有無數食養迴圈。

人生有太多的迴圈：因果、生老病死、勝負興衰。雷是顛動的，山是頤靜的，以雷的動，顛倒頤的靜；以雷的拂逆，挑戰山的經常。為什麼要「顛頤拂經」？因為要創造可以循環的迴圈。《易經》喜歡可以循環的東西：動與靜，經常與拂逆。

養生者要修「顛頤」，就要有圓圈循環的觀念，要練習顛與拂的功夫，不是凡事順靜，而是既顛又拂，有了顛拂，才有往後的頤經。用反得正，用逆得常。

拂頤，貞凶，十年勿用　食養鏈的方向被逆轉，眾生動亂不安。

　　《易經》的難處出現了，前爻說顛頤是好的，此爻又說「拂頤」是凶的，為什麼？生態雖可循環成圈，因果還是有先後之別，順序倒轉了，綿羊吃了老虎，生態會有浩劫。

　　養生者修「拂頤」，當小心戒慎因果的方向，雖然是圓圈，但轉動的方向很重要，不要搞錯，倒果為因，破壞了生態。

 顛頤吉，虎視眈眈，其欲逐逐　調節食養鏈的輪轉，用動靜合宜（頤）美化循環。「虎視眈眈」代表老虎想吃獵物，但還沒出手，只是露出凶惡的眼光。

　　無形的欲望也可以在我們的心裡形成迴圈。每個欲望的生成，會帶出下個欲望，一欲養一欲，形成一個巨大的欲望圈。

　　養生者修「虎視眈眈」，當有強烈的欲求，也知躲避被吃的風險。所以用「眈眈」也可，用「逐逐」也可，在追與被追中，體驗命運的迴圈。勇敢的追，聰明的逃。養生就是一邊追，一邊逃。

 拂經，居貞吉，不可涉大川　用拂逆的動，完成經常的靜，不要冒險，隨便擴大自己的食養圈。

　　人生非「拂」即「經」，誰比較可愛，見人見智。拂是年輕、熱情、臨時的，經是古老、冷靜、慣性的。沒有拂，經會阻

塞；沒有經，拂失去了意義。大道是固定的，行人是變化的。當兩者互動循環，養生便產生了韻律，形成了不朽的大圓。

養生有時像在按摩我們的經絡，來回的按壓與推動，讓經絡不再阻塞，這是頤的特性。細小的拂動，養成巨大的經常。養生就是常常按摩自己的經絡，自己的養生線，讓它們始終通暢。

 由頤，厲吉，利涉大川　我順由著食養鏈與迴圈的觀念養命，養命是辛苦的，而慧命是值得追求的。

從「顛拂」到「順由」，代表修養到了動靜合頤的境界。頤卦的爻辭充滿換字的遊戲：「顛頤」、「拂經」、「拂頤」、「由頤」、「朵頤」、「觀頤」，這正是對稱的奧義。頤卦100001，由前往後、由後往前看都一樣，像圓形的幾何學，轉來轉去都不改變它的本形。如果我們發現一個物件左看右看，鏡內鏡外看，上看下看，都是一樣的，那就是頤的特性。

頤的字義就是養，養生者在修頤時，就是養它的大圓，進出往來平衡的大圓，因果欲望追逐的大圓。修頤卦的成果是認識慧命，認識因果的迴圈，譬如有一天，你出手幫助了一個人，你不會覺得他欠你一個情，而會想你是還了他一個情，因為你相信在很久很久的過去，這個因果迴圈是存在的。有了頤的修練，就會修得靈龜的大觀，而捨棄了朵頤的小利，就會活在慧命的圓形思維中，而看輕生命一時的得失。

澤風大過。 不凡之心，金氏世界紀錄的養生

養生需要的不凡之心，空前絕後，唯我獨尊，極端的追求，大大的超過，絕對的冒險，創造金氏世界紀錄，締造史詩般可歌可泣的故事。

頤卦 100001 是一個大圓，包含了所有生命的生態圈。而大過卦 011110 是一個最密的點，包含了最重、最孤獨的自己，是獨夫的個人世界。這個世界充滿善的、惡的大過，善的讓人感佩，惡的讓人髮指。所有可歌可泣的故事，都是在描寫大過。所有金氏世界紀錄保持人，都完成了生命的大過。因為大過的極端令人敬畏感動，所以讓人一生追逐。

⚜ 卦象說養生

養生者修大過，往往有英雄主義。生命可重如泰山，可輕如鴻毛。大過卦講輕重的對比，輕如風，重如金，把理想看得很重要，一定要留下什麼可歌可泣的紀錄，而作法上又把現實的批評或代價看得很輕，一重一輕間，形成極端的對比，用在養生，讓生命出現驚世駭俗的表現，妙用無窮。

 藉用白茅 用最柔軟的底墊，承載著最重的下壓。

白茅是最輕柔的物件，卻讓它來墊底，承載最重的物件，這對白茅太委曲了，但也顯出白茅驚人的耐壓性。風很輕，若有若無，卻能任你壓縮也不傷分毫。

養生者修「藉用白茅」，當學風的輕柔耐壓，在重物下多墊一層
柔軟之物才不會傷到地板，或在相互磨擦的硬物間加一點潤滑，
則可相安。《易經》說：「因為有了柔軟與潤滑，所以大過與大
過間的剛硬，開始可以和平相處。」

枯楊生稊，老夫得其女妻　極端不對等，點亮了生命的驚豔。
很多有成就的男人，娶了年紀小幾十歲的小太太，讓世人羨慕不
已。

　　大過的成就，是男人一生的志業，大過的生命，用來締造歷
史。

大過的養生觀很特別：要追求不平凡、超凡入聖，要前無古人，
後無來者。大過讓人羨慕，但也危險易折。英雄豪傑，萬古留
芳；大奸大惡，遺臭萬年。

棟橈，凶　承載過重，棟梁彎曲折斷。

　　棟梁與白茅的功用不同，不是墊底或潤滑用，是建構高樓宮
殿必需的根骨。若不夠堅硬而要撐起太重的樓頂，會有橈折的凶
禍。修大過還要會結構學，棟梁一定要夠厚實，樓房才能穩固。

養生者修「棟橈」，當小心自己的能耐，要有精確的計算，充分
的準備，才可去載重，去破紀錄。

棟隆，吉 承載過輕，游刃有餘，日漸興隆。

游刃有餘、以逸待勞都有一種謙敬，是大過的力學，總是用過多的剛，去撐起輕柔的重量。大過的力學計算對了，強大的棟梁撐起高大的樓房，以更強養更高，正是大過的興隆面。

養生者修「棟隆」，不要只練習人生的精算，凡事斤斤計較只想節省材料。要游刃有餘的算，凡事用超過很多的比來完成，才可以勝任向大地震極端挑戰，才能達到棟隆的境界。

枯楊生華，老婦得其士夫 在古代男尊女卑的時代，老婦嫁少夫是更極端的冒險，等於是污辱全國的男人。

大過的行為可以為惡，倒行逆施，人神共憤。歷史上的帝王一意孤行時，往往就是大過。所以天災人禍是大過，往往是少數人為了一己之私而造成的。

養生者容易陷入讓人扼腕的大過，為了口慾而過食，不顧多數的器官受苦，跟一個專橫的帝王沒有兩樣。也有人為了好色、好賭而身敗名裂。簡單說，管理不諧調，只顧其一，枉顧其餘，這種失控的管理就是大過。

過涉滅頂 冒著生命的危險，追求空前絕後。

　　人生莫大於生死，如果充滿英雄氣概，連死都不怕，這種膽識就是大過。每部電影的內容都在講大過，不是大過就沒有票房。留在我們記憶中的都是大過，像夜空中的煙火，瑰麗璀璨。

　　養生者修「過涉滅頂」，要小心在冒險中犧牲了，因為成功的英雄是鳳毛麟角。養生者要知自己的短長，用短追求大過，必死無疑，不要頑固冒險。

\Point/

　　頤卦與大過卦相錯，因為 100001 與 011110 剛好陰陽爻互換。在養生的智慧中，頤卦教我們「顛頤拂經」，找到各種循環不已的迴圈，求近更求遠，養生命更養慧命，融入生命鏈不朽的轉輪，心中永遠有一最大的空圓。而大過卦教我們要用潤滑液，要追求卓越，要「棟隆」，不要犯大過的惡，必要時才犧牲自己，完成英雄的一生。

　　可是，兩者為何相錯呢？可以這樣來想像，把生老病死想成是物質與能量的流轉與交換，生命是活在更大的生態中，是輪轉中的一個氣泡，這是頤卦。把自己想成宇宙中獨一無二的存在，如何在有限的歲月中，塞進最多、最密實的內容，打破紀錄，締造歷史，無憾此生，這是大過卦。兩卦都有不朽的方法，難分軒輊。

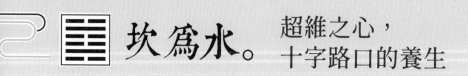

坎爲水。 超維之心，
十字路口的養生

養生需要的超維之心，像在垂直交叉的十字路口找到四通八達的方法，多維的思考，升維的行動，乘法的運算，刀劍的交鋒，不滿與悔恨的交織，重重的困難，四通八達或糾結的十字哲學，水乳交融的智慧。

　　重重的困難就是坎，彼此用困難相對抗。坎是阻力，不讓人順利前進的力量，也是相垂直的方向。垂直的垂直就是十字路口，十字路口的哲學是偉大的，原來是互相阻擋，卻變成四通八達，差別在是否有超維的思想，把線變成面的思維。乘法的思維，就是坎。

🌼 卦象說養生

　　養生者需要練習多維思考，不要怕麻煩，思考的維度一加，低維的困難就變多維的容易，單調變有層次，混亂變有條理，平面變立體，靜態變動態，片面變全域。《易經》說：「升維者自通（自牖）。」我們在低維下的困難，往往在高維的環境下自然解決。

 習坎，入於坎窞 深入重重的困難。

　　習有重複的意思，也有學習的意思。重複的坎陷，讓人寸步難行；雙重的危險，讓人生命垂危。《易經》說：「學習困難與危險，就得到簡單與平安。」

養生者修「習坎」，當思考雙重的困難，譬如自己與別人的，父母的與兒女的，不能只想自己不想別人，只想今天不想明天。雙重與單一的困難差別很大，打一個結與打兩個結的牢緊度不一樣。雙重的困難有時不只是兩倍的困難，可以是千百倍，但也可能負負得正，彼此化解。要學習解開雙重的困難，成為化險為夷的高手。

 坎有險，求小得　在十字路口學習輪流通過的智慧，把相阻擋變成四通八達。

　　南北、東西的車流會塞在十字路口，互相阻擋，經過指揮與輪流通過的學習，不但不互相阻擋，還多了四通八達的好處。歷史上的大城市，都是習坎，它不一定是交通的四通八達，有時是資源與人口，有時是政治與經濟，有時海與陸的交接，有時是兩個帝國的通關。因為相交，有了衝撞，更能通達。

大城市自有它的養生之道，就是集合更多的十字路口，形成更密的交織網路，用車水馬龍代替槍林彈雨，用三教九流代替孤芳自賞。養生者應該向大城市習坎，在四通八達的人流邊、車流邊，安身立命。

來之坎坎，險且枕 利用危險當作防禦，可以高枕無憂。

把別人的危險變成自己的安全，用困難來護衛容易，這是很多動物的養生術。

養生需要布置困難的防衛。國君利用天險與國防來保護國家，企業利用技術門檻來保護生意。危險，才是安全最忠誠的保證。

 樽酒，簋貳，用缶，納約，自牖 生活中充滿習坎，就像苦樂參半，左右為難。

幫人倒酒，既是進酒也勸阻不要多喝，叫「樽節」。在竹籃中加了更小的竹籃，分層次收納叫「簋貳」。唱歌時用缶伴奏，叫「用缶」。用一部分的絲綁住大部分的絲，用打結來整理自己，叫「納約」。在密閉的房間開小小的窗，可通風，但不能進出，升級禁閉的功能，叫「自牖」。

養生者當學習在坎中互相幫忙，從倒酒的心理，室內設計的隔間，音樂的伴奏，治絲的打結，凡是用到多維管理的事物，都是習坎。平面就是直線的多維，賽局理論是個人勝技的多維。拿破崙說：「戰力是士兵數乘以集結的速度。」所以多維的兵法，造就了拿破崙。

爻辭 5

坎不盈，祇既平 坎，就是不盈。坎不盈，是坎的相乘，負負得正，反而變成沒有滿盈的坎，沒有不平息的怨恨。

　　坎的本意是平地上陷落的一條河，河水不滿盈也是坎。坎不盈，很像語法中的「我」＋「自己」。然而習坎的美妙會在加疊中質變，坎不盈的意思變成：再深的坎，自己也不會產生滿溢的困難；再多的怨，也有平息的時候。

養生者修「坎不盈」，當學以坎治坎的智慧。坎可以自己消滅自己，產生負負得正的效果。坎是麻煩的製造者，但也是麻煩的消弭者。

爻辭 6

係用徽纆，寘於叢棘，三歲不得 困難會綑綁人生，痛苦會讓人畏退，屢屢失敗會讓人放棄。

　　要在困難中學習簡單，不是容易的事。人生的困難真多，有形的、無形的、環境的、內心的。《易經》說：「不要被困難綑綁，不要畏懼缺乏，不要因失敗而失志。」

養生者要善用困難的機會訓練心志與智慧，靈活應對困難的挑戰，在十字路口壯大自己，吸納四通八達的人氣。坎卦的能量，大到鬼哭神嚎。

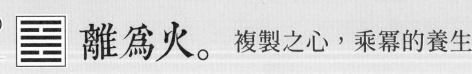

離爲火。 複製之心，乘冪的養生

養生需要的複製之心，生命的不朽源自細胞的分裂繁殖，有性生殖的前提先成雙相對，都是由 1 變 2 的學問，是 2 的乘冪，乘冪的養生是生命對抗死亡最快的繁衍。世界也可以複製，鏡裡鏡外的兩個世界，對稱再對稱，生生不息的氣數，兩個眼睛的視覺，心心相映的離，把我們的世界變得生氣盎然，美侖美煥。

離卦有兩個火，像左眼對右眼，有了相映對等的一雙，而非孤單的一個。我從小聽人講道理，最喜歡講法中有對稱的美。譬如講「愛」，先講愛有多美、多重要，接著講愛也有不美與錯誤，譬如溺愛。一旦有了對稱，道理便開始發光。生命離不開細胞的分裂，愛情離不開兩性的相需，所以用 2 的複製可以進到乘冪的世界，這是繁殖養生的原理。

🌿 卦象說養生

養生者從 1 進化到 2，是巨大的進化。很多老化的現象，出現在停止 2 的製造。細胞不再分裂，就無法修復損傷；伴侶離開，講話就沒有回應；學問沒有傳承，就面臨斷絕。所以養生的功課就是一直維護 1 變 2 的活性，不讓 1 老是孤單寂寞。

 履錯然 腳印交錯，用多角度觀察，發現更多元的美麗。

用兩隻眼睛看世界，世界變成立體的。用兩手做事，事半功

倍。兩人同心，其利斷金。這是二比一強的能量，就是離卦的複製與相映。

養生者修「履錯然」，當勤勞多走多看，用兩眼看，更用多元的角度看，如此可以看到不同的美麗。多元與繁眾的美麗需要複製與相映對，不能只用習慣的看法和單一的走法。

 黃離，元吉 黃色是古人認定最美的顏色，用最美的色當模，進行複製的工作。《易經》說：「這是最大的吉祥。」

　　美麗鼓勵複製，複製增益美麗。有一種生產的方法，就是做模子來複製，細胞的分裂也是，用 DNA 來當複製的模，做出一模一樣的細胞。當複製的數目夠大，會產生數大之美，像花海，像繁星，像群山，像交響樂。

養生需要「黃離」，用最美的自己複製自己，教養第二代就是。教學生傳承學問也是，開連鎖店來複製成功的模式也是。養生就是把每天的生活變成最美好的複製。

 日昃之離，不鼓缶而歌，則大耋之嗟 遲來的複製，日落的孤單，沒伴奏的唱歌，像老人家為生命將逝在長吁短嘆。

離的複製太晚，就是衰老與孤單。青春易逝，輝煌不再。的確，生老病死是相隨的，養生者要破這個相隨，談何容易！

養生者修「日昃之離」，要學2。用1的養生，很難破生死的相隨，用2則近乎不朽。用子孫滿堂，打破孤單老死；用桃李滿天下，打破煙消雲散；用日落月升，破黃昏向晚。

 突如其來如，焚如，死如，棄如　複製是痛苦的，瞬間要分裂、斷離，要焚燒原形，像自殺而亡，還要丟棄老舊。

由1變2的過程是辛苦的，這是《易經》中最凶險的一爻。要複製自己的過程，要先分裂自己，像父母養兒女，總是累到快沒命才看到成果。由1變2永遠是一個挑戰，潛藏生死存亡的危險，有時會失敗，讓1滅亡而2也生不出來。

養生者嘗試複製自己時，一定要有充分的準備，千萬不可輕率為之。偶爾失敗也不用氣餒，要完成黃離的成功，試一千次也不嫌多，一旦成功是可以繁衍一千億倍的。

 出涕沱若，戚嗟若　一隻眼睛可以產生數不清的淚水，一顆心可有數不清的心情，1可以複製無數。

人生靠複製可以多產，1不只變2，還可以變成大數。生兒育女是，作學問也是，作公益更是。由複製變成多產，是離卦的大成。一部《易經》可以減重、養生、寫詩、算命、通古今，也是易理的用離。善、惡都可以用離，所以要小心。

養生者修「出涕沱若」，要小心用離的大數複製。用離作惡是可怕的，今天長一隻眼，明天落一缸的淚，像癌細胞擴散會致命，所以要盡速防範惡離，留下好離。

王用出征，有嘉折首，獲匪其醜 複製美好與強大可以克敵致勝。

用離可以集結眾多的美好與強大，用離火來克敵致勝很好用。大國與大國的決戰，也是離的戰爭。誰的離火用的早、用的廣、用的妙，誰就勝出，反之不勝。

養生者或有作戰除惡的需要，要即早用離，複製眾多勇猛的士兵團隊，複製美德與智慧，如此或可保證作戰的勝利。

\ Point /

《易經》分上下兩經，坎卦與離卦是《易經》的上經最後兩卦，有換維與複製的意思。坎 010010 與離 101101 兩卦相錯。離是由 1 變 2，由 2 變無限大。坎是由 2 交於 1，找到十字路口，然後化阻擋為四通八達。離可以化單一為多產，坎可以化阻隔為通達。離在同一軸線上多產，坎在不同軸線上升維。多產或升維，就是離與坎的相錯。養生多產而不升維，或升維而不多產，都不盡完美。人生能優游於坎離之間，再無窒礙。

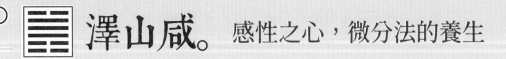

澤山咸。 感性之心，微分法的養生

養生需要的感性之心，感覺剎那，發現微分後的世界，尋找事物的變化率，梯度，像含有變數的公式，需要生命做最短暫靈敏的觀察。

　　生命的一半功能是感覺、感知。對感覺功能的經營，觀卦已經講述過。觀卦的重點是用遠距離來收集資訊，咸卦則用變化率、安靜、微細。可以說，觀卦是咸卦的旅行，咸卦是觀卦的細節。感覺世界藏在五蘊之中。感覺的更上層，是覺知與意識界。對覺知的內容進行整理，形成意義與回憶，又用到比卦與大畜卦，所以感覺世界也不單單一個咸卦或觀卦可以搞定。不過，用咸卦來研究它的發生或性質，確實很恰當。

⚜ 卦象說養生

　　養生需要養咸，讓生命產生諸多美麗的感覺與感動，也是青春的元素。心的最原始作用就是用五蘊的覺知來吸收訊息，並運算它們的意義。之後才有更高階的邏輯推理、記憶、想像、創作。咸的世界與觀的世界有部分的重疊，咸更多細節，更斤斤計較，注重剎那的變化。感性的世界，決定瞬間的反應；性感的強弱，決定兩性的合分，要一輩子經營、訓練，才不會無感生命。

咸其拇　用敏銳的拇指探索觸覺世界。

　　《易經》說：「拇指的感覺很靈敏，才適合它靈敏的動作需

要。」拇指的感覺神經最密，負責運算的神經元最多，可以在最短的時間內，完成最多的感覺收集與運算，作出最快的反應，譬如握住一把刀，抓住一隻蟲，摘下一朵花。

養生者一定要練習「咸其拇」，要用靈敏的感覺帶動靈敏的動作，做任何精細美妙的事。咸其拇告訴我們，靈敏度愈高，動作愈靈巧，養生的樂趣愈高，這是養咸的靈敏觀。

 咸其腓 　用靈活的小腿體驗生命的動。

　　腓是小腿肉，也是身體跑跳常用的肌肉。《易經》說：「隨著肌肉的強大，靈敏度下降，力量上升，不同功能的肌肉群需要不同的感覺。」人體身上的肌肉群各有其功能，都對生命的存活有一定的效能。要讓這些肌肉動得有用，需要有相配的感覺系統教它們如何收縮與放鬆。

養生者要練習「咸其腓」，就得多動。腓肌的靈敏度不如拇，但力更大，讓身體可以靈活的移動，避開危險，追上獵物，也是養生的一大任務。

 咸其股，執其隨 　用強大的股支撐或搬動軀幹，感受牢固與靈活。

　　股，是身體最大的肌肉群，負責站立或移動軀幹，比腓力氣還大，更屬於核心肌群。咸卦 001110 與隨卦 100110 相差在內卦的第一、三爻互換，所以「執其隨」，是叫大家一起來做工。移動身體時，除了要移動，還要穩固重心、左右連結，才不會一移

動就散掉傾倒，要牢牢綁住其它的肌肉群來一起工作。所以「咸其股」的感覺更全面，要管自己也要管別人。

養生者修「咸其股，執其隨」，要從單一的感知，進到多元的感知。咸其股的練習是沒有盡頭的，從單一靈敏變成多元美妙，從單音到交響樂。很多音樂家終其一生只練習一種樂器表演，精益求精，一生在咸其股中成長、成熟。

憧憧往來，朋從爾思 感官多元而頻繁，但規則還在，就是心注意哪裡，感覺就集結那裡。

多元的咸結構就像交響樂團，而心就是我們的指揮家，沒有注意到的，咸就不做工；注意到了，咸就開始工作。

養咸之心讓多元的感覺變成一個交響樂團，充分發揮指揮若定的工夫，人生因此多采多姿。我們的心每天在「憧憧往來」裡練習，從分心到專心，從專心到多元專心。

咸其脢 第一解：脢是背肌，我們用背肌睡覺或坐立，它的感覺不多，但它在安靜中勞苦功高。第二解：有人說脢的古音是女人生殖器，所以「咸其脢」是性器官的感覺。兩解都可以。

咸的世界帶我們進入性愛境界或無意識的境界，前者可以讓咸產生火花，後者讓咸的生命即使在睡覺中，也可以調適良好。性的感覺是物種繁殖的必需，或說，這種性感覺是人生最快樂的元素，是如詩如畫的美感。但周公沒有什麼評論，留下諸多猜想

的空間，古人的矜持吧！

在養生中，性是不可或缺的。達爾文提出「物競天擇」後，後人又補上「性擇」，讓物種的演化機制更完備。性感的分數關係後代的繁衍，性感上求得高分，才有機會傳宗接代。性感的分數在衰老時會銳減，這是養生者最大的遺憾與挑戰。很多人在更年期後就不經營性感，把愛情放棄，過著無性的生活，這是很可惜的退化。世界上沒有比愛情更強的養生荷爾蒙。維持敏銳的愛情感是養生的。老了以後，沒有性可以接受，沒有愛情則無法接受。活到老，愛到老，這是養生的王道。

 咸其輔頰舌 用臉部肌肉做表情，用舌頭講話，同時感受溝通的美好。

最高階的咸在溝通與表情中，沒有止境，察覺人的臉色亦是。說話與表情的技巧練得好，可以感動人心，可以當明星，甚至指揮一個國家。

養生需要說話與表演的技巧，說話的聲音動人，表情感人，讓人愛聽你說話，相信你說的話，是人生的順境。養生要養咸，咸是生命的感覺與感動，決定說話與表情品味，是一輩子的功課。

\ Point /

咸卦講感性，但什麼是感性？植物有嗎？石頭有嗎？數學有嗎？感性是很難界定的。我認為萬物都有感性，就是感知變化與反應變化的靈敏度。葉子的向光性，就是它的感性；石頭的往下滾，就是它對重力的感性。閃電也有感

性，就是陽極與陰極電之間的感性。風也有感性，就是氣壓差與漩渦的吸力。感性在數學中叫微分，探討量的變化率或梯度，譬如距離的微分是速度，速度的微分是加速度。《易經》說：「感性在靈活的拇指，在小腿的腓肉，在股關節的核心肌群，在心的注意力上，在胸的性感上，在臉上的表情與舌上的味蕾。」感性對養生太重要了，所以，周文王把它排在下經的第一卦。

有養生者問我：「感性是愈多愈靈敏愈好嗎？」我答：「不是。」感性的發生，會用掉生命的能量，設計時，也會用掉大量的神經傳導硬軟體。為了維持感性，生命作了重大的投資，我們的心為了擁有它，忙到心力交瘁。我們的聽覺只聽到幾萬赫以內的聲音，眼睛也只看到紅到紫的光譜，是節約的設計，夠用就好，而非愈多愈靈敏愈好。

有養生者問我：「感性會生病嗎？」我答：「會的。」聽不到叫聾子，看不到叫瞎子，對別人的好意不覺察叫呆子，對智慧無感叫傻子，而對沒有的事幻聽幻視叫瘋子。感性太弱或太強，視而不見，無中生有，都是病。

也有養生者問：「痛苦是什麼回事？沒有感性會更快樂嗎？」我答：「痛苦也是感性，對生命的保全很重要，也很容易生病。」麻風病人的痛感消失，受傷常不自知，重度糖尿病人也是。適當的痛覺能保護生命，過多的痛覺會讓人發瘋。痛感是兩面刃，一邊幫助生命避開危險，一邊讓生命苦海無邊。

佛學教人如何利用修心的方法，轉化痛苦的感覺。《易經》說：「這是『憧憧往來，朋從爾思』，心才是一切感性的指揮家。」可是，心是什麼？我也講不清楚。《易經》說：「感覺的世界，有追求靈敏的『拇』，有追求力量的『腓』，有追求集體合作的『股』，有唯心的指揮『朋從爾思』，有去意識化的『胸』，有溝通用的『輔頰舌』。它們都有心。」感覺的世界更多，佛家說：「覺知的種類比恆河沙數還多。」不論有多少，《易經》說：「它是一種體驗生命的方法，用山的安靜尋找澤的分別。」如果你的咸有困難，就讓心更安靜一些，分別就會更清楚一些。先安靜，後分別，就是澤山咸。

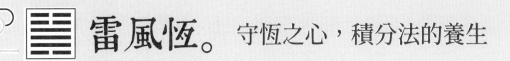

雷風恆。 守恆之心，積分法的養生

養生需要的守恆之心，探討積分後的世界，尋找可長可久的性質，是含有常數的公式，注重事物經常的樣子，不容易改變的道理，代表很慢的節奏，很長的觀察，事物的慣性、理性。如果咸卦講感性與剎那間的覺察，恆卦則講理性與長久不變的性質。咸卦讓生命充滿靈敏的感知，恆卦則讓生命持恆不滅，一快一慢，一微觀一巨觀，各有殊勝。

我們一生所需的事物變化多元，有的需要永固，像房子或城牆，有的需要隨時變化，像衣服的厚薄或開車的速度。一生中變或不變的關係很複雜，如果統治者的法律遇到人情天理不容時，法律就變成大家討厭的障礙，終要被眾人推翻唾棄。

❀ 卦象說養生

養生者修恆卦，不要踏入頑固不冥的陷阱。相反的，要修一種智慧，看到變化中的不變。要守恆，維護重要的價值，甚至犧牲不重要的價值來交換。不要貪心長久擁有，要在生滅之上看到不生不滅，在歲月老去時守住童心般的青春，即使沒有真正的青春永駐，也有每天的笑口常開，返老還童。

浚恆，貞凶 一開始就貪圖挖深，不知靈活應變，結果一事無成。

　　小時候總以為，德行要有恆心才美，《易經》卻說：「恆不一定都美。」有些恆又臭又硬，讓人討厭。就說愛情好了，雙方才認識一天，就發誓要永遠相愛，這個永遠就是「浚恆」。

養生者應慎戒「浚恆」，不可喜歡什麼，就一定要永久占有，應該先選最重要的，犧牲次要的，在得失間取得平衡，大來小往，漸漸累積、穩定，或許可以比別人擁有更長久。

 悔亡 滅亡讓人悔恨難消，悔恨也讓人長久失敗。

　　「悔」與「亡」之間存在微妙的因果迴圈，這跟恆卦的修練有重大的關係。悔恨就是恆的受傷，但事物的生滅有時是自然的更迭，一如四季的**輪轉**。如果因為生滅更迭而生悔恨之心，那麼恆的功夫顯然不足。

生滅有時像路口的紅綠燈，只因它時紅時綠而以為它不恆，這是偏狹的有恆觀。公道的說法是，紅綠燈時紅時綠，它的盡忠職守是有恆的。由此觀之，有恆與否，不容易一時判斷正確。事物的恆性或慣性，比我們直覺的認知複雜很多。

蘇東坡說得好：「自其不變者而觀之，則物與我皆無盡也。」恆或不恆，久或不久，往往是看法的不同。短暫的消失不須悔恨，短暫的擁有不須歡喜，有恆的人生觀應該超越短暫的生滅，直接看到無悔無亡的真相。

不恆其德，或承之羞 好習慣很難維持，突發的羞恥很難防範，修練恆心，不要迷失於短暫有無的迷霧，要看到事物可長、可久的性質。

遇到始終如一的人，其忠信貞節的德行，讓人愛不釋手；遇到朝秦暮楚的人，言而無信，出爾反爾，讓人咬牙切齒。兩種人都有他的恆性，前者是君子始終如一的恆性，後者是小人如假包換的德性。

養生者修「不恆其德」，當有開放的心胸，能在長中見短，在短中見長。馬力強大的跑車討喜，但經濟耐用的國民車也不差，快或慢都有它的用處，就看搭配的方法如何。

田無禽 沒有禽鳥來覓食的田不是良田，但還是田，不長久也藏著長久的道理。

本爻是恆卦最難解的一爻。簡單說，我們的身體因為新陳代謝的關係，有一半的原子，半年後就換掉了。可是，我們還是實實在在的自己。原子不同了，但本尊不變，這正是廣義的恆。

世俗說的恆常，往往是外表看起來像的，心中主觀覺得是的，即使原子都換新了，我們覺察不到，所以認為恆常依然存在。認同的心沒變，其它的再變也不影響恆同的觀察。由此觀之，恆是很主觀的性質，我們認定了算，沒有絕對的客觀標準。

養生者修「田無禽」，當知沒有一物是真正不變的，總是變一部分，不變一部分，忽略了禽的部分，就看到了田的不變，叫恆

141

常。恆常可以超越變化，並與變化並存。養生需要修一雙慧眼，
在諸多變化中，把握心眼中的恆常。

恆其德貞，婦人吉，夫子制義，凶　教育婦女堅持單一的德
行，可以得到吉祥，教育男子如此，則會限制他行義的靈活變
通，這是不吉祥的。

　　《易經》對恆卦的批判多過讚美，這讓我很驚訝。在此爻，周
公甚至把恆的美德當成女子的遊戲，不適合男人。或許《易經》不
喜歡常態，喜歡變化、交換。不過在其它的卦中，《易經》還是會
談到，如何把關係變長久的方法，譬如坤卦的「無成有終」，與人
相交不要求太高的成就，就容易相處變長而得善終。

養生者修恆，當知守恆有吉、有凶，恆久的痛苦是悲劇，恆久的靈
變是生存之道。恆久堅持可以是美德，也可以是頑固，不可不辨。

振恆　守恆沒有一定的作法，只知道它存在堅忍不拔與靈活應變
之間。

　　振動不停是恆的傷害，把振與恆放在一起，是很詭異的事。
或許振可以考驗恆，把恆進階成不怕振的恆。

豫卦說「貞疾恆不死」，只要生病時不放棄自己，就可以再活下
去。演繹之，養生者只要不放棄青春的想法，充滿學習新知的
精神，常有謙虛受教的胸懷，常有童心般好奇發問，常如孩童般
手舞足蹈，常笑口常開，常保身體的輕快柔軟，常滿身大汗的運

動，閱讀如夢如幻的故事，常有談情說愛的熱情，常有幽默解嘲
的雅量，適當的飲食作息，或可以「貞其春恆不老」。

\ Point /

　　學習了咸卦的微觀與恆卦的巨觀，或說感性與理性，應變性與不變性的生
命，養生的觀念似乎更周全了。咸與恆是相依相對的，用剎那的尺度看世界，
世界是永恆的，用永恆的尺度看世界，世界是剎那的。所以生命往往活在有限
尺度的咸與恆之間。養生者若能求快得快，求慢得慢，細微處美不勝收，長遠
處浩瀚恢弘，有交響樂的激昂澎湃，有星空的天長地久，這樣的人生該多麼的
如詩如畫！

天山遯。 退藏之心，豐收者的養生

養生需要的退藏之心，退逃有道，也是豐收者獲利的保證，一種往後的收割成果，代表退休的生活，隱形的人生，躲在沒人注意的地方，也是輕功的練習，匿蹤的技能。

遯卦 001111 與咸卦 001110，相差只在第六爻的 0 與 1 不同，如果兩卦相減，得到的就是剝卦 000001。三卦的關係就是：感知的世界走到了盡頭，變成無法感知的遯形與隱藏。也就是說，這世界可以分為「可以感知的」與「無法感知」的兩個世界。咸的剝就是遯，遯的剝就是咸。

遯卦是一個大風卦 011，所以是雙倍的退逃。退休、藏躲、隱形，都是遯。遯卦是秋收的卦，把美麗的果實收割起來，離開風險與競爭。

卦象說養生

退的時機很重要，退的方法、順序、比率也很重要。有時把退當作目標來前進，更能展現靈活收放的智慧。不要一生在紅海中競爭的頭破血流，可退到藍海獨享與世無爭的逍遙。養生要養遯，不被麻煩、困難、病痛所纏。

 遯尾，吝 把尾巴藏起來，隱藏污點，卻不隱藏本尊，藏尾不藏頭，完美的思維被小小的污點綁架。

藏污是人性，有僥倖的心理。別人是暫時看不到污點，但是自己心中的負擔愈沉重，活得像小偷一樣，應該不好受。不藏污也不行！因為人性總愛作賤別人，取笑別人的不是。一旦活在別人的眼中，就需要「遯尾」。遯尾習慣了，就如圓謊，一次次的圓謊會造成心性的扭曲，所以《易經》說：「遯尾是讓人羞吝的事。」

養生者修「遯尾」，當有藏污的認識，也要適當的釋放真相，回歸真實。不要輕易變成他人的笑柄，也不要藏污而一生都活在見不得人的黑暗中。

 執之用黃牛之革　當退之際，常感受到退的難處，彷彿有人用黃牛的皮革綁牢自己，不讓我們退。

　　由進變退，改變之大如同革心洗面。急流湧退是難的，所以多數人退得太慢，退得不乾淨，退得三心二意。

養生者修遯，當知退的阻力往往來自進的慣性，想退之人，先研究一下退的阻力，有時退的行動要漸進，量力而為，奪機而動。

係遯 係，繫也。防逃用繫，人性往往不繫不遯，愈繫愈遯。

當感受到被綑綁的不自由，心就生逃跑的念頭。有人說生命
誠可貴，自由價更高，太崇尚自由也是病。有人不讓人管，誰敢
管就生氣，最後沒人敢管他，也沒人理他，變成被自大綁住了一
生。人生的繫與遯很奇妙，有時綁在一起很幸福。遯像感官在睡
覺，暫時逃離了現實，繫就是清醒過來，回到現實的世界。

養生者一定要學會生活中繫與遯的技巧，才能優游於虛實之間，
不被糾纏綑綁，也不致於漂浮在太空，變成無根的灰塵。

 好遯 選擇好時機退場。

人生的幸福要靠很多的好遯。晚上睡得好，準時下班，準時
畢業，按期完工，好聚好散都是好遯。

選一個沒有手機電話的地方度假，找一群與工作無關的人當朋
友，遠離個性人品不好的人，不讀讓人心煩的媒體，不吃垃圾食
物，不作外行的投資，不參加無益的社團，不愛出風頭，不炫
富，不傳八卦……都是養生的好遯。

 嘉遯 精準的退場引人讚美。

遯逃還讓人讚美，這是什麼情形？其實人生充滿值得讚美的
「嘉遯」，我們的幸福要讚美許多的嘉遯。

老人退休了，年輕人才能有工作；事先打了疫苗，所以不會染上傳染病；利用夜間人車較少，修路或清掃；把大家討厭的垃圾，掩埋到人煙稀少的地方；在吵雜的環境，用耳機聽好聽的音樂；買一份健康保險，幫忙支付住院的費用等，都是嘉遯。未雨綢繆，遠離危險與困難，是養生的嘉遯。

 肥遯 在豐收滿足中退場。

　　有時富足就靠一次的「肥遯」，尤其是巨大的投資。很多大企業中途敗了，因為不會「肥遯」，沒有在最高點退場，而陷入了低潮與蕭條。人生也需要「肥遯」，像養了很肥的豬仔，想辦法逃過宰殺，然後獨肥。

養生需要營造「肥遯」。養生者最怕的，第一是生病，所以一定要定期健康檢查，如此可以預先知道大病而取得治癒的先機。第二是窮，所以一定要提早備老，替老年的生活費積蓄足夠的資金。第三是失能，所以要有長照的規畫。第四是死亡。要死而不亡，如立言、立功、立德的人讓後人懷念，子孫滿堂，桃李滿天下，留下不朽的創作。死了還活在別人的心中，自然是巨大的豐收。

\Point/

　　遯從「遯尾」、「黃革」、「係遯」、「好遯」、「嘉遯」到「肥遯」，《易經》把遯的境界逐一說明，讓人恍然大悟，原來退比進更難。雖說人生難逃一死，但是死也阻擋不了「肥遯」者的豐收，養生者該有所領悟吧！

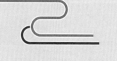

雷天大壯。 正大之心，征服者的養生

養生需要的正大之心，像個征服者，剛進柔退，用力前進，以強勝弱，以正勝邪，壯如超人，總是能再生復原的長久作戰，最大的用壯是用最容易的方法勝利。

　　大壯卦 111100 與恆卦 011100，只差復卦 100000 的第一爻。所以事物的慣性，或可長可久的樣子，不斷的再現，就是大壯。一顆石頭經過一百年後，因為風化的關係變成一堆砂子。在恆卦的眼裡，石頭變砂子，外表變了，但元素沒變，所以恆卦會對砂子說，你的祖先是石頭，我見過，是比你大一萬倍的砂子。在復卦的眼裡，砂子回不去石頭的樣子，所以復卦對砂子說，你離祖先的年歲太久了，回不去了。兩卦的觀點不同就吵了起來，最後還打了起來，就變成了一個大壯卦。

　　如何才是大壯？真的不容易定義。壯是強壯、健壯、壯闊、壯烈。稱人壯士是讚美他的勇敢與義氣，壯士斷腕是指敢犧牲一隻手，也要主持正義的正氣。大壯卦是一個大澤，110 變 111100，所以應有雙倍澤卦的能量，就是分開與決鬥，主張正義的秩序與乾淨。

🔅 卦象說養生

　　養生修大壯，要養正大之氣，以理服人。當說理也行不通時，就用容易。容易的勝利藏在智慧的高低，不在力氣的大小，在說服人，取信於人。《易經》：「說用壯不如用網，用威逼不如用承載。」當一切辦法試過後還是不行，那就用實力與正氣征服它吧！

壯於趾 用腳趾來征伐,最微弱無力的用壯。

遯卦講退逃,大壯卦則講進攻。往前踏一步是最容易的進,就是「壯於趾」。趾是前進時,身體最領先的部位。要越過兩國的邊界,踏前一步就可以宣告戰爭的開始。人與人的紛爭,都與壯於趾有關,往往只不過多一點理直,就要給對方臉色,得理不饒,就吵個不停。

養生者要小心自己的「壯於趾」,因為不規範它,它就天天替我們吵架,替我們惹事生非。

貞吉 用堅正厚實來代替理直氣壯。

用壯是進攻,用貞是防守。好的防守與進攻的戰法一樣重要。正氣、正名,正當的理由,都是大壯的「貞吉」。復卦講還原,恆卦講長久,都有貞吉。大壯卦講正與壯,要戰勝柔弱,當然也要貞吉。文天祥寫《正氣歌》,說這個正氣賦於天地之間,無所不在,不衰不滅,連死都不怕,當然有貞吉的能量。

養生者應該養正氣,自然遠離邪曲病弱。正氣是不偏不邪,不迂不巧,不欺不怯,一股可以打敗邪惡的氣勢!。正,與師卦的「在師中」的「中」相呼應,都是養勝的戰法!

小人用壯，君子用罔，羝羊觸藩，羸其角 小人理直氣壯，得理不饒人，君子用寬容與同理心來說服人。強壯的公羊角被藩籬絆住，角壯反而變成牠的弱點。

　　周公說：「小人才一直用壯。」得理不饒人，不是真的正氣。於是正氣開始進化，變成像網（罔）一樣可剛可柔，是兵法上的以柔克剛。網，用軟，用包容心，有彈性，用疏而不漏的承接。「羝羊觸藩，羸其角」說剛柔的強弱可以易位，也是大壯易犯的錯誤，以為有力氣、有道理就可以欺負弱小。

養生者修「用壯」與「用罔」，當防止自己以壯逼人，把自己陷入爭執的麻煩中。應該多寬容待人，溫柔溝通，輕鬆說理，含笑辯解。非必要時，絕不用角頂撞，用力服人。

 壯於大車之輹 我用大度量取代強詞奪理，用多數人的支持獲得勝利。

　　大壯的進化，可以把力氣加更大，最終可以把藩籬推倒。也可以不用角觸藩，而是用「大車之輹」。「輹」就是「腹」，意思是用大肚量承載對方，讓柔弱的對手心服口服，自願歸順。

養生者修「大車之輹」，要收起愛打架的羊角，把對手通通裝進我的車子、肚子。人與人爭執，可以比誰說得更有道理，也可以比誰載得多，誰的思慮更多元、更全面，誰更能跑遠，誰更有未來性，能養活更多的人，能給人更大的市場，更多的幸福。

爻辭 5 **喪羊於易** 我用容易的方法勝利，用易勝過用壯。

最進化的大壯是找到最容易的勝法，可以不戰而屈人之兵，用巧不用力，用謀不用攻，用雙贏的方法代替征戰。

養生者修「喪羊於易」，要以智慧找出最簡單的勝利。

 爻辭 6 **羝羊觸藩，不能進，不能遂** 堅持用壯，剛與柔兩敗俱傷。

《易經》不喜歡用壯，所以再三告誡不要「羝羊觸藩」。養正氣是好的，壯於大車之輹也是好的，最好的壯，是用簡單代替攻伐。只是人性中，好鬥、好勇的基因太強大了，不是強詞奪理，就是對簿公堂，甚至出手打人。

養生者修「羝羊觸藩」，當防把自己陷入無邊的糾纏之中。每天都有羝羊觸藩的陷阱，若能避開這些陷阱，自然心曠神怡。

\ Point /

歷史上有許多大帝國征服了廣大的土地與人民，締建了不朽的盛世，是大壯的實現。如果戰爭是免不了的，最好不是五胡亂華般混亂的戰禍，是像大唐或羅馬帝國那種統一長久的帝國才好。所以，大壯是帝王的雄心壯志，小可以養正氣，大可以建帝國，想當英雄的人就要學大壯的兵法、威力，像超人一樣，用武力與智慧，讓萬眾信服，把征服人心變成很容易的智慧。

火地晉。 大名之心，藝人的養生

養生需要的大名之心，像個藝人，用明，追求名氣名望，日正當中，想盡辦法讓人看到知道，像巨星的養成，潮流的形成，也是媒體的總合，讓人追逐叫好的宣傳法。

晉卦講火與地的相對，火是光明與知識，地是無知無名的眾生，無知需要知識，無名需要光明與大名。反過來講也對，大名需要眾生的讚美，知識需要無知的市場。所以火與地在晉卦中相依相需。媒體製造知的同時，也製造了無知。光明照亮黑暗的同時，也隱藏了黑暗。

🌿 卦象說養生

在晉的世界，求名是養生的一個方向。人生當求善名，當防惡名上身。所以須潔身自愛，也應守正不阿，表裡如一，晶瑩剔透。只是虛名在外，往往會扭曲人性，造成藏污納垢，成為身敗名裂的風險。所以晉世界是危險的，充滿誘惑與陷阱。歷史是大名者的故事，是三不朽的傳記。養大名，名留千古，是養生的大道。

晉如摧如 想出名，要接受群眾的檢驗，沒有個人隱私，還要冒險被人恥笑。

人一旦成名之後，辛苦就開始，像是要愛惜羽毛，要潔身自愛，要為人表率。當眾人的眼光都隨時在注意你，日子是不自由

的、分裂的、扭曲的。所以「晉如」是美麗的外表之下，痛苦不堪的「摧如」。

養生應節制求虛名的習慣，不要求名求到變成潔癖，容不下一點批評，這樣的日子才是天天的「摧如」。名，很重要，但不值得為它做牛做馬，也不需用靈魂去換。

 晉如愁如 想出名的心愁苦不堪，不妨先潔身自好，等待授福。

　　晉卦的再進階是「愁如」。憂愁什麼呢？憂愁一生無名而終，所以每天都兢兢業業，努力經營。與摧如不同，愁如是漫長的，認同了一種名聲，所以盡心去爭取維護。
　　《易經》說：「憂愁是好的。」名氣、名望、名譽是虛的也是實的，因為好名可以帶來財富與快樂，甚至導正社會。好名，在今天的社會更是一種位階，一種連結的流量，一種價值，一種實實在在的生活元素，比存款更真實。

養生者修「愁如」，要有養大名的理想。如果自己不行，也要鼓勵家人或孩子養大名。一邊讓自己發光發熱，一邊可以幫助更多的人得到幸福，就是大名。

眾允，悔無　好名來自眾人的讚美，不要後悔。

　　開始是在少數人口中的好名，成為眾生的讚美，這是求名最甘美的過程，算是對摧如、愁如的酬勞。生活可分成兩種，一是與眾生息息相關的晉世界，唯恐人不知；一是與眾生無關的祕密世界，唯恐人知。

　　養生者修「眾允」，應小心分辨眾知與不知的世界，一邊享受眾人的讚美，以此來激發奮鬥的意志，同時保護好自己的隱私，不讓眾人利用隱私來傷害我們，是用晉的智慧。

晉如碩鼠　我追求外在的好名，像一隻在黑暗中怕人看見的大老鼠。

　　見不得別人好，喜歡嘲笑別人，挖別人的隱私是人性。如果自己變成大家的笑柄，是人生最黑暗的災事。晉的世界是雙面刃，一面是讚美，一面是嘲笑。很多人先嘗到了成名的甜果，沒多久醜事曝光了，一生悔恨不已。

　　養生者修「晉如碩鼠」，當有保護隱私的習慣，不可大意。人性好說別人的是非，好論別人的長短，一定要防，一定要藏，甚至要斷然處置，像割除毒瘤一樣。

失得勿恤　享受好名聲同時，要承擔著公眾人物的壓力。

　　名的世界是好壞參半，有甜有苦。年輕時，用力的追求；年紀大，就簡單的守護；有名時，高高掛在天上；無名時，低低活在眾生之間。這種淡然恬適的胸懷，正是「失得勿恤」。

養生者修「失得勿恤」，要漸漸看清晉世界求名的得失、優點、缺點，然後找到得失的平衡，能伸能屈，能顯能藏。

 晉其角，利用伐邑　用名聲的號角鼓吹眾人跟隨，可以攻人邑國。

　　大名的威力連統治者都會懼怕，因為大名可以推翻暴政，可以攻人邑國，可以扭轉世局。

養生者修「晉其角」，應更積極入世，用大名當武器，對不公不義展開討伐。晉其角是日正當中的武器，用來摧毀黑暗邪惡。用大名來建立善的晉世界，是大乘佛法的功德。

地火明夷。 用晦之心，情報員的養生

養生需要的用晦之心，像個情報員。用晦，藏明於地下，製造祕密，讓普眾無知，保護真相，是偽裝的行動，另一方面也是超越常識的真知，不為人知的真相世界。

明夷卦 101000 與晉卦 000101 相綜，所以產生美麗的對稱。晉卦是用明，明夷是用晦。晉卦求不朽的大名，明夷求永藏的祕密。晉卦因眾生的推崇而日正當中，明夷卦則因眾生的無知而得以保全。所以，知與名的成就很美，不知與無名的世界很安全。

卦象說養生

養生修明夷，像情報員隱藏真正的身分與目的，祕密工作。不為人知的世界很安全，但是人性好吹噓、說八卦，所以隱藏自己很難，守口如瓶是很深的修為。養生還需防衛自己的隱私，因為很多人利用隱私來獲利，會傷害無辜的我們。對別人的隱私，要保護；對別人善意的謊言，要寬容。這個世界虛虛實實，不可老是堅持所見，看不起別人的說法。真理或假知，人不知而不慍，神知道就好，這是養生者超越虛名的胸懷，讓人敬佩。

明夷於飛，垂其翼，君子於行，三日不食 我用偽裝幫助行動。想飛卻垂翼，想行動卻餓肚子。

明夷就是行騙與偽裝，讓人看不到真相，以此保證行動的順利周全。這個世界充滿太多的無情攻擊與傷害，所以需要騙術與偽裝來自保，並非小人或小偷。

養生者學習「明夷」，當學善意的欺騙，或是半真半假的言語。如果想到什麼就說什麼，一定會得罪人。真話傷人，尤其是負面的想法。父母兒女之間都應適當的使用明夷，多說好話，少說壞話。

明夷於左股，用拯馬壯 我用隱藏來訓練自己的左股如馬一般強壯。

強壯的身體是訓練出來的。太強的實力會讓敵人害怕，進而破壞我們的訓練，所以要偽裝。這跟乾卦的初爻「潛龍勿用」是一樣意思，擁有敵人不能預知的實力，才是最強的。

養生者修「明夷於左股」，應有隱藏實力的習慣，尤其面對強大的敵人。隱藏是最好的攻擊，最強的致勝術。勝敗常取決於隱藏戰法，讓敵人防不勝防。

明夷於南狩，得其大首　我假裝要往南邊狩獵，用欺敵奇襲大勝。

《孫子兵法》說：「兵者詭道也。」詭道正是明夷，不但要不為人知，還要讓對手誤判形勢。

養生者修「南狩」，正是要學兵法中的詭道。面對詭異的世道，我們太老實做事是行不通的。要完成重要的事，布局的兵法就是保密與出奇制勝。

 獲明夷之心，出於門庭　精於欺騙自己的心意被自己發現後，不再用假的理由誤導自己，人生開始進階，能夠踏實的面對整個世界。

人生一輩子都在行騙，愈聰明的人，愈會騙自己。有人把不如意說成命運的不順，或是別人的錯，或是神明的旨意，或是生錯了家庭。把失敗歸咎於運氣，把因果說顛倒，把責任歸給不在的人。在心理學看來，騙自己是有道理的，可以減壓，維持自尊。但是騙太久後，真假不分變成慣性，漸漸成為一個是非不分的人，確實有病。精神分裂症的病人，就是真假不分，把幻聽、幻視當成真實，是一生的傷害。

養生者修「明夷之心」，開始要學騙別人（但不是害人），最後要學看清自己的騙術，然後面對真實的自己，面對或真或假的世界而怡然自得。

箕子之明夷　要學箕子的自知自足，人不知、不改其樂。

更進階的明夷叫「箕子明夷」，與騙術無關，是一種養生的胸懷，叫「人不知而不慍」。人如果一輩子活在別人的讚美中，依賴別人的肯定過日子，其實不安全。被人讚美上了癮，比上了毒癮還難治。

養生者修「箕子之明夷」，要學讚美、肯定自己。把一生埋藏起來，把絕學與胸中的宇宙藏起來，不求此生顯達，而待來生有緣。

不明晦，初登於天，後入於地　日出日落，明暗有常，只限在地球表面上，升到太空就不是這麼一回事了。

《金剛經》結尾說：「一切有為法，如露亦如電，皆如夢幻泡影。」此爻大義與《金剛經》的結語不謀而合。這個世界，這顆心，真真假假的，叫「不明晦」。

養生者修「不明晦」，可以看穿真假只是程度不同的晉與明夷。群眾跟自己都是無知的。不要期待世界會用真相擁抱我們，也不要氣餒世界用騙術誤導自己。一如太陽會登天，也會入地，用平常心面對不明晦的人生，養生更能優游於明晦之間。

風火家人。 組合之心，作家的養生

養生需要的組合之心，像個作家，珍惜每個美麗的故事，組合成美麗的篇章，向完美的方向升華。像個企業家，建立分工合作的模型，每個專家的養成，經過組合產生的智慧，用智慧改良的組合，也是修練齊家、治國的道場。

廣義的家人卦包含了最美的組合，在數學上稱「集合」。不是隨便堆在一起，是經過細心考量而組合起來的，像一個公司團隊，每個人都有角色要分工合作；像一本書，有許多章節要說故事；像一輛車，各種零件組合，好載人行萬里路；像有機化學的世界，是生命元素的大熔爐，彼此可以利用循環；像一首詩，沒有冗長的句子，但卻能描述最完美的意境；像世界上許多的專家、藝術家、作家、科學家、指揮家、政治家、思想家……學有專精，成一家之言，讓世人敬仰。火卦是美麗，風是組合，風火家人就是把美麗組合起來，變成更完美的家人。

🌼 卦象說養生

養生者修家人，當知家人也是一生最困難危險的道場。家人在享受歡樂與幸福的同時，心靈的磨擦與反彈積多，容易造成巨大的誤解與傷害。愛愈多，期待愈大，恨也漸多，失望也漸深。我們一生最難過的關，最麻煩的挑戰，最大痛苦，都來自家人。所以《易經》說：「修家人，要『有孚威如』。」需要最強大的信心，相信愛，相信原諒，相信任何不對的家人都可以共組幸福。

閑有家 我用規矩與倫理組合一個家。閑,是過門時腳下的門檻,比喻是家規或倫理秩序。

超過閾值,化學反應就開始;低於閾值,化學反應不發生。閑,就是事物的閾值。要當家人,要先能跨過門檻。組合團隊或公司可以用篩選的方法,家人無法篩選。《易經》說:「雖然無法篩選,但可以規範。」老虎會淘汰衰弱的小虎,人不會,反而會給更多的照顧,所以要管理。

養生者修「閑有家」,在愛的前提下要給出管理,對好壞行為的管理要給出賞罰。沒有規範的愛是毒藥,很多家庭倫理的悲劇,就由此滋生。

 無攸遂,在中饋 作好家人分工合作,家是我生命的搖籃。中饋是廚房,是供應食物的所在,是家庭和樂的交會所。

君子遠庖廚。比起男人在外求功名、工作賺錢,女人在家中煮飯既沒成就感,還得三從四德,地位很低微。《易經》說:「不是這樣的,女人在中饋,才是一個家的中心點。」餐桌上的歡笑,香噴噴的飯菜,是每個人從小到大不可取代的記憶。大家要變成一家人,「中饋」是彼此的交集。

養生者要懂「中饋」的角色重要性,是媽媽的、服務的、付出的、滿足所需的、不讓飢餓的、製造歡樂的。如果延伸到公司團隊上,中饋就是在基層服務的員工,默默無聞,少有讚美歡呼,但貫穿許多任 CEO 的回憶。

家人嗃嗃，婦子嘻嘻 家人的哭鬧或歡笑，吵雜或溫馨相守，是家的記憶。

在組合家人的過程，有磨合或磨擦的情形，當然會有吵吵鬧鬧的時候。相聚容易相處難，合夥的生意最難，合作的團隊不是天生和諧，是經過磨合與協調而來的。

養生者要修「嗃嗃」、「嘻嘻」，家人良性的吵架與爭執是難免的，但不要記恨長久或暴力相向。我看過兄弟吵架，像不共戴天的仇人；對父母的不滿，像幾輩子都還不清的債主。夫妻同床異夢，甚至對簿公堂。家是幸福的窩，也是最危險的道場，一旦發生家庭悲劇，家人變成仇人，是一生最大的遺憾。

 富家大吉 用組家、愛家來組織團隊，豐富人生。

在數學上，N 個元素的排列是更多、更多的（N！），組合的多變可以豐富事物的樣式，所以組合是變化之神，是美麗無限的創造者。精妙的組合，可以創造驚人的藝術成就，可以編寫動人的故事小說，可以建構超時代的運算法。組合也是加法的升華，加法從 1 開始，變成 2 的相愛相持，到 3 的兩代養育傳承，可以加到無限大，所以富可敵國。

養生者修家人的加法，把諸多美麗的元素巧妙集合，在英文叫「Grouping」或「Organization」。因為唯美的集合，東西不再散漫無章。工作與角色分配得宜，團隊能夠完成的事業也超過個人。有家的人最幸福，不再孤單寂寞，不再獨自凋萎，不再貧乏

窮困，所以「富家大吉」。

 王假有家 我用齊家的方法治國，平天下。

　　國家是擴大的家庭，在管理學上是如此，在愛民的精神更該如此。治天下如治家，要分工合作，用團隊，用分層負責，用加法與精妙的組合，用愛民如家人。治國術比治家複雜很多，要有威權與制衡，賞罰分明，廣宣與謀略，有五院十八部，物產豐富，也要分配公平。

　　養生者修「王假有家」有兩層意義，一是王治要學齊家，要愛民如家；二是治家也要學王治，重視權利義務，秩序與倫理。國家沒有權力結構會崩潰，變成無政府狀態。家沒有倫理秩序也是，父不父，子不子，兄不友，弟不恭，夫妻同床異夢，家也不再和樂。所以齊家要用治國的智慧，切莫無條件寵愛或責罰，對家人的愛都有它未知的風險，所以有管理的必要。

 有孚威如 組合強化了美好，美好強化了組合。

　　家人不好修，家人修成仇人的例子很多，所以要戒慎恐懼。但對愛的信心要無比強大，才能保護家人的和樂。

　　養生者修「有孚威如」，分享了家人豐富的天倫之樂，變成一生幸福的回憶，這是養生者的天堂。對家人要用最大的信心，去原諒家人曾經對你的傷害，在家人中學習愛與原諒。

火澤睽。

對分之心，
愛因斯坦的養生

養生需要的對分之心，用分求明，因為分開所以聰明，二元相對的智慧，像愛因斯坦的相對論，時空的標準要和光速作對比，用相對的想法理解宇宙的美麗。是正反合的學問，由 1 分 2 再由 2 合 1 的運算過程，因為發現不同所以美麗，是分辨不同的能力，永不止息的二分法。

　　家人卦 101011 與睽卦 110101 兩卦相綜，家人卦講組合的美，睽卦則講分開的美。組合讓事物愈來愈大而複雜，分開讓事物愈來愈小而單一。組合後是有機化學的世界，分開後是單原子元素的世界。所以化學對這個世界的理解，靠的就是一分一合的學問。

　　「分」很重要，但睽卦注重的是先把一件事物用相對的二元論加以分開。我們的心就在二分的學習中成長，二分也漸漸成為智慧的核心。我們心中有諸多的二元觀念，愛恨、好惡、上下、大小、高低、對錯、貴賤、美醜、強弱、剛柔、虛實、色空、多少、快慢、哭笑、左右、前後、直曲、方圓、明暗、真假、悲歡、陰陽、正反、治亂、升降、天地、順逆、分合、加減、是否、問答、戰和、同異、安危、終始、進退、靜鬧、雅俗、賢愚、忠奸、鬼神、巨細、冷熱、遠近、生死、勝敗、日夜……甚至只要把 A 加上一個「不」字，凡有 A 必有不 A，就是二分法。

卦象說養生

　　對養生而言，二元運算是智慧最基本的語言，我們從小就用「是」

與「不是」來分類這個世界，分辨好與壞，要與不要，危險或安全。沒有二元運算，我們是長不大的。即使在動植物界，沒有二元運算的能力，也無法逃過環境的天擇。葉子不會向光就會枯死，根莖不會向水就會渴死，動物不知退逃或進住，也無法生存。

 見惡人無咎　我練習分辨的能力，評斷事物的善惡。

　　善惡是分開，也是一體的。我們可以簡單分開善惡，是因為有評價善惡的標準。可是標準會失靈，在智慧漸長之後，會發現有些事物的善惡，很難分清楚，譬如收稅，它有讓國家運作健全的善，也有讓人民的生活更辛苦的惡。

　　有時善惡之分是唯心的，A 的善可以是 B 的惡，昨天的善也可能是明天惡，因為時空條件、主客立場會變。進階的善惡之分，應保持一定的彈性，讓善惡的分類可以修正，像溫度的高低，高或低是相對的，但有量化標準。

　　養生者修「見惡人無咎」，要練習二元分類的運算，要把二元運算加入可評的分數。如此一來，見惡有善，見善有惡，所以無咎。我見過有智慧的人演講，總會在評論一事時，說它的優點有哪些，再說它的缺點有哪些，兩面都說到了，讓人心服口服。

 遇主於巷　高貴的主人平時都在殿堂中相見，今天在巷子中見到了，我還是認出來他是主人。

　　睽卦是分辨的能力，靈活的運算，當事物作各種局部改變後，還能相認的分辨能力。

養生者修「遇主於巷」，要看出這個世界隨時在變。雖然在變，我們依然能抓住它未變的核心，並妥善處理改變的衝擊。進化的睽，不只可以分辨異同，還能分辨部分的異同。睽要不斷作進化的運算，才能應付日益複雜的世界。

其車曳，其牛掣，其人天且劓，無初有終　車的輪子壞了，無法順利運轉，拖車的牛掣止了車的前進，輪子或牛都是車子前進的元素，合起來才能前進的，分開來就不行了。

這是睽卦分解世界的併發症：只會分、不會合，不是真正的睽，是對完整世界的解體和破壞。會分更會合，才是進階的睽。

養生者練習睽卦，不能只分不合，要既分又合，還原事物完整的樣貌。唯物辨證法講「正、反、合」，就是在二分之後，還用原來合的樣子來運行世界。

睽孤，遇元夫　我用分辨把成雙的結合分開，變兩個孤單的人，好比與離婚的前夫相遇，又分又合。

在作學問時，分類的功夫作得愈細，學問愈高，曲高和寡，與我們唱和的人就變少了，我們就更孤單了。睽的缺點就是製造孤單，像階級主義，讓不同階的人不能往來。

養生者修「睽孤」，當知太睽的缺點。太睽的人會有潔癖，像太聰明的人不好相處，因為心中有太多分開的想法，沒有模糊地帶，極端挑剔，盡乎冷血。作人應有些溫度，有點糊塗，分中有

合，才是美麗的用睽。

爻辭5
厥宗噬膚 分明的心像刮鬍刀，刮去毛髮的異，而不傷及皮膚的同，萬物皆可分可合。

分開的睽讓人變聰明，就像一把銳利的刮鬍刀，可以把鬍子刮得很乾淨。這是練習精準的睽，在科學辯證時用得上。

養生者修「厥宗噬膚」時，要精準用睽，否則鬍子刮乾淨了，但皮破血流。適時適所，分出我們需要的就停，再分下去就浪費心力，破壞美感了。眼睛看到的可見光譜，已讓世界美不勝收，如果硬要看到紫外線，反而會有瞎眼的危險。用睽如用刀，不可不慎。

爻辭6
睽孤，見豕負塗，載鬼一車，先張之弧，後脫之弧，匪寇婚媾，往遇雨則吉 過睽的心看不見簡單，一張弓，也把它分成滿張的弓與鬆弛的弓。過睽讓心煩亂，充滿幻想幻視，把身上沾滿泥土的豬，看成一車的鬼怪，把匪寇看成迎親的隊伍。如果用雨水將它們沖洗乾淨，就不會再看錯了。

周公在此爻辭說了二十七個字，是最高的紀錄。《易經》再三的叮嚀，不要過睽，否則會精神分裂。現代人很多的身心病，與過睽有關，讓心勞累不堪，最後就瘋了。

養生者修睽同時要用節，節制我們的睽，只用最簡單的睽，指導生活最重要的分別。適當最好，像手分出五根手指，夠用就好，分出了八根或八十根，不是進化，是浪費與退化。

䷦ 水山蹇。 盾護之心，護城河的養生

養生需要的盾護之心，用護城河的觀念養生，在困難邊找到安全，在大河邊安住下來，在困難的近處活出文明，用困難集結朋友，用阻隔來保護安全，用盾的技巧，用護城河來保護城邦，建立防護網來安居樂業的智慧。

　　蹇卦 001010 與睽卦 110101 剛好相錯，陰陽爻互換。睽卦說二分與對等的智慧，蹇卦則講阻隔下相連的智慧。阻隔在前，所以我們就沿著阻隔的線相連起來，像像先民一樣，在大河邊繁衍生活，建構了大河文明。

　　戰士用盾擋住刀箭，人們挖很深的河防守城堡，科學家為了解難題成立研究學會。蹇卦是困難在前，讓人寸步難行，但也讓人相連、相聚，用在護盾生命的安全上，成為大河文明發展的原型。困難或危險有大用，可以保護弱小、集結朋友。最大的困難，引來最多的相助。地球外的磁場與大氣的覆蓋，讓進入大氣的異物與宇宙射線都被阻擋下來。因為蹇的阻擋，我們才能生存下來。

🌸 卦象說養生

　　房子與衣服阻擋了寒暑，皮膚阻擋了細菌，抗體免疫細胞阻擋了病毒。脆弱的身體有層層的阻擋保護，才有健康。我們的心理也用了層層的阻擋保護我們，懷疑就是最大的阻擋。因為懷疑而努力求證，被騙的機會就少了。膽小也是，看見預知的危險，所以遠離或逃避。懶惰也是，怕難所以推諉，如此免去了麻煩。禮教與羞恥感也是，因為怕人恥笑，所以不敢為惡。生存的法則是先阻隔，再連結，就是蹇。

往蹇來譽 往困難前進的努力,得到回來的讚美。

困難有時是方向問題,往前的難,就是往後的容易。往前一夫當關,往後萬民歡呼。向極端困難的推進一步,扛起眾生的困難,就是大家的英雄。

養生者修「往蹇來譽」,當有英雄的思維,往前扛起困難,保護後面人的安全。挑戰最危險的任務,留下大家讚美的故事。面對困難,讓生命發光發熱。

 王臣蹇蹇 主從關係中遇到重重的困難,因為雙方都樹起高高的壁壘,不反思對方的立場。

人際關係中的蹇最多,尤其是上下階級之間,主從之間。人心的蹇是立場、看法、利益的不同。「王臣蹇蹇」的相反是將心比心,雙方都能預知對方的需求而發出同理心。王與臣應該互助治國才是,為何會王臣蹇蹇?因為不信任對方。沒有共同的敵人時,王與臣變成彼此的敵人,立起了防護罩,自然蹇蹇。

養生者修「王臣蹇蹇」,當知人人都有保護自己的天性。有了這層認知,就不會錯估對方的反應。尊重對方自保的需要,理解對方的不安全感,相處就容易,心結就容易解開。

往蹇來反　向困難的方向前進，在相反的方向找到容易。

　　蹇往往是單向的，知道這個道理，就能靈巧的運用蹇來得利。敵我相蹇的反向，就是面向共同的敵人；大河泛濫的反向，就是建築高堤與渠道來灌溉；深入苦難的反向，就是珍惜共命互相救濟。

養生者修「往蹇來反」，當知困難在前，預告了容易在後；在前面設險，預告了後面的安全；嚴刑峻法在前，預告了人民的奉公守法在後。用困難保護容易，用危險保護安全，是方向問題。

 往蹇來連　我挑戰前方的困難，在作戰的邊緣，竟連結了眾多的盟友。

　　蹇的方向問題，還有垂直方向的思維。大河阻隔前進的同時，也沿河邊連結了眾多想要前進的同志，所以危險有它的邊線，相連的人性，就是沿著危險的邊線發展。

養生者修「來連」，當知養生用蹇找到志趣相合的朋友。在最激烈的比賽場，在最高的大山邊，在最深的河水邊，在最困難與危險的界線，都是與人連結的好地方。

 大蹇朋來　遇到的困難愈大，得到的幫助愈多。建起最大的保護網，聚集最多的朋友。

我們築起的高牆愈高，來聚集的朋友也愈多。阻隔原來是防敵用的，如今變成用來收納朋友的聚寶盆。

養生修「大蹇朋來」，當知人人都需要保護身家性命，富貴平安，公平正義，遠離天災人禍。為這個世界建立諸多的大蹇，大的保護網，讓朋友來聚集，是諸多無名英雄的工作。無名英雄活在政府中，在企業中，有了他們的奉獻，我們才能安居共業。大蹇是最大的保護傘、金鐘罩、守望相助。

往蹇來碩　我往困難深入，得到最豐碩的成果。

《易經》是百經之首，讀了最難的《易經》，再回來看其它的古書，就容易了。在困難中習慣了，回到平常的生活，會點亮很多容易的智慧。

養生者不應怕難，反而要找機會挑戰困難，在挑戰中豐收，在困難中強大。身體方面，要多運動，多做柔軟操，多學困難的韻律，多挑戰細微的平衡感。心理方面，多閱讀，多思考困難的題目，多寫作或創作，多參加各種論壇，讓心忙碌而日益精進。養生不要只喜歡自然安適或心寬體閒，因為心疏懶了，就不再有鬥志，就遠離了「往蹇來碩」的教誨。

䷧ 雷水解。 破解之心，神射手的養生

養生需要的破解之心，像個神射手，精準的瞄與射，解開困難，解開怨怒，拆解頑固的組合，分解成更小的元素，並且不斷提升諒解的高度。

蹇卦 001010 是阻擋，保護，用盾的防守術，解卦 010100 是拆解、突破封鎖，用箭的攻擊術。一守一攻，一擋一解，各有殊勝。解是生活的技巧，像解決、解開，解釋。解也是智慧的實作，理解、了解、諒解。解是事物的分拆，像拆解、解體、溶解。解是困難的對手，像解危、解救、解藥。生活中到處有解，因為有難就有解，有鎖困就有解，有疑惑憤怒就有解，有聚合就有解。

❀ 卦象說養生

養生者一定要學各種的解，如此才不會被綑綁、糾纏、阻擋、冰封。解是神射之術，面對不同的目標要有不同的射法。最難射的是高飛在天上的惡禽，代表仇恨的心，最常見的是身邊被怪罪的事物。解不易修，有時是吝嗇小氣，怕射丟了箭沒有收穫，有時是冷血見死不救，有時是高傲以為自己沒錯。射箭最難的竟是把拇指輕輕放開，讓箭飛開的動作(解而拇)，箭不離弦無法射中標的。解可以很容易，是認錯、轉念、諒解，然後把自己輕輕射向快樂的未來。

無咎　原諒的心不隨便怪罪。

　　咎是怪罪的心，是人生最常見的打結或綑綁，一旦怪罪了，關係便僵住了，鎖住了，封閉了。認錯則相反，認錯的心是柔軟的、寬廣的、通達的、可愛的、可敬的。

養生需要修「無咎」。從怪罪到認錯的距離很遠，可是有人做得到。明明要責備，轉個念，便說出了認錯的話：「抱歉，我沒有注意到，沒有說清楚，沒有預想到⋯⋯。」轉念就是無咎，是解開僵局與不愉快的最強解藥。

 田獲三狐，得黃矢　原諒是心氣的豐收，有得無失。

　　解卦 010100 有水的瞄準與雷的射箭，所以是個射手或獵人的卦，一支箭射到了三隻狐，比喻一把諒解的鑰匙，可以打開很多個鎖。諒解的心等同一支黃金的箭，百步穿楊，無所不解。

養生者修「田獲三狐」，一箭射三狐，一隻是憤恨的自己，一隻是後悔的對方，一隻是煽風點火的妖怪。解恨、解悔、解妖，都在一念之間。憤恨是心的癌症，不射死它，會擴散全心，讓人痛不欲生。常常原諒，快快原諒，人生才能清閒放鬆。

負且乘，致寇至　背負著不原諒的自大，卻要求別人承載我的過錯，導致盜匪來掠奪我的幸福。

　　《易經》用背負與承載來比喻怪罪與原諒。有罪的人背重，有功或沒罪的人坐車，所以世人不喜歡認錯，因為認錯的人要背起怪罪的人，要被他當馬騎。《易經》說：「不是這樣的。怪罪的人，要背起被怪罪者的重量，如果怪罪的人還想乘車，會招來匪寇的掠奪。」

　　怪罪者要背負對方的重量，心中的怪罪愈多，就愈居下與承重，最後會被自己不原諒的心壓扁了。

養生者修解卦，就要如此轉念：是怪罪的心讓人沉淪，是原諒與認錯的心讓人升華。

 解而拇　原諒很容易，就像把拇指放開，讓原諒的箭飛射而出。

　　在咸卦時，我們講過「咸而拇」，拇指感應最靈敏，可以做出最靈活動作。解卦又出現一次拇，代表原諒是一種心的解放，把捏住箭尾的拇指放開，就射出原諒的箭。

養生者修「解而拇」，當知原諒很容易，原諒是用拇放開自己，奔向未來。

 君子維有解，吉，有孚於小人　君子用維纏約束自己，擇善固執，用原諒之心寬容別人，將心比心，小人做不到。

維是綑綁，解是解開。《易經》說：「君子會綑綁，也會解開，研究了綑綁，自然也精熟於解索。知道人性之惡，所以有孚於小人。」小人的鎖不外是自私、自保、自以為是、貪圖名利權位，理解了，則「有孚」。不理解，就陷入彼此的綑綁。

養生者修「君子維有解」，當練習雙向用解，會綁、也會解。綁的是活結，解起來就方便。綁，是管理護全他；解，是原諒祝福他。綁，是約束衝動；解，是放開束縛。養生有維、有解，自然武藝高強。

公用射隼於高墉之上 　怨恨是一隻猛鷹，善於飛高，我必須提升原諒心的高度，才能用原諒的箭將牠擊斃。

在我們的心中，愛很高，恨有時更高；愛會淡去，恨往往持久。《易經》說：「恨像飛高的鷹隼，不是一般的箭法可以射到，需要周公的神技。」周公的箭法，是就近與制高，在高點等待隼的飛近，然後一箭射斃。

養生者修「射隼於高墉」，當練習制高就近的箭法，比恨還高，比人間還高，比自大的天地還高，屬於神靈的高度。當活在神的心中，我們原諒別人很容易，因為是與神的約定。我們認錯也很容易，因為向神認錯很容易。解不開，有時是高度不夠，高度夠了，自然可以解開。

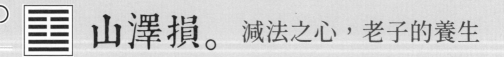

山澤損。 減法之心，老子的養生

養生需要的減法之心，是老子在《道德經》講述的養生法，用減速與割捨尋找簡約之道，為道日損的生活觀，在犧牲中找到歸零，分享中得到止境，是返璞歸真，淨慮而無我，無家而得天下。

　　文王很喜歡損卦，他唯一給損卦一個元吉的讚美。老子的《道德經》教人為道日損，用減法找到無的大道，用簡約找到真誠的人生。周公也在第五爻給了損卦一個元吉，說節約自己等同供給眾生最大的時空之禮。減法的大用一直被我們忽視，其實它是養生最輕鬆的法門。

卦象說養生

　　養生者在修損卦時，面對的是把心減重。第一步，少一點自己，多一點對方。第二步，減去差別心。第三步，簡化人與人的關係，以 2 為尊，專心在彼此的相對。第四步，針對自己的疾害惡習作損。第五步，化損為益，用簡約自己製造無限的時空給人間。第六步，損私益公，無我而得天下，以天下為家，得到服務眾生的臣心。

爻辭 1 已事遄往，酌損之　停下手邊的事趕緊去幫忙別人，習慣小小吃虧的生活。

　　　　心有一種慣性，就是當下在做的事，有一種無法立刻停下來的動能；當下不在做的事，也有一種無法立刻啟動的靜能。把慣

性變很輕，隨時可停、可啟動，就是「已事遄往」。周公「一飯三吐哺，一沐三握髮」，他為了別人的事，吃一頓飯可以停下三次的吞嚥，洗一次頭可以停三次出來應答。這種心性的柔軟、謙敬，真是不可思議。

養生者修「已事遄往」，是減法的學習，要學吃虧，要看輕自己，看重別人。減，是加的反向，把愛己利己的心作一個微妙的反身，變成愛對方，就是損。

弗損益之 把差別心減下來，與眾生禍福與共。

有些事是無法用人力增減的，譬如四季的更迭，1+1=2，還有蘇東坡說的：「江上之清風，山間之明月，耳得之而為聲，目遇之而成色，取之無禁，用之不竭，是造物者之無盡藏也。」

人生的確有一種怪現象，給出去的愈多，獲益的也愈多。有了這種信心，人生也成了「弗損益之」的一個練習場。

養生者修「弗損益之」，要減少差別心。一時的損益或差別，是短暫的幻覺，長時間來看，人生的真相是不增與不減。

三人行，則損一人，一人行，則得其友 一次只專心愛一個人，在對等的世界裡相愛。

損卦講減法，周公就跟我們玩一下數字遊戲。他說在對等的關係中，2 是最佳數，3 則多了 1，1 則少了 1。損的一個功能，就是尋找最適當的對等。所以損的減法也有它的制約，不是亂減，而是適當的減。

養生者修「三人行，則損一人」，要適當的加減，因為加法創造豐富，減法創造簡單。

 損其疾，使遄有喜　我減去急躁，把心變慢變寬，養成可喜的性格。

　　人生的毛病有二，一是太多，一是太少，要不多不少，則要修「損其疾」。

養生者修「損其疾」，要有治病觀，體重太多則減重，營養不足則補充，所以廣義的損，不是只有減，而是減它的毛病，增它的健全。

 或益之十朋之龜，莫克違，元吉　「十朋」是很大的空間，龜很長壽，比喻時空無盡無涯，是神的賜福，供我們使用多大、多久都可以，不要拒絕這種恩賜。

　　上帝賜我們無限的時空，任我們優游，我們學習祂，減小自己的占有，給別人最大的舞臺。

養生者修「或益之十朋之龜」，要用損進化，看似損己，其實是助人益己。讓出最大的舞臺給別人，用最大的耐心陪伴他，就像神疼愛我們的一樣。簡約自己，等同把有限的人生，化成無限的恩典。

 弗損益之，得臣無家 減到無我，化私為公，我即是公，故弗損益之。忘了家事，等同得了良臣輔國，國事就是我的家事。

損，是修無我的法門；無我，是一種損的境界。沒有我執，沒有一定的有或沒有。我，不是不見了，是變形了，變成眾生了，變成了日月星辰，變成清風白雲。

無我，是初階；無家，是更高階。《易經》說：「因為無家，所以得臣。」損的境界來到「弗損益之」時，「得臣」與「無家」互為因果，放掉對家的執念、戀家的私心，多了認同蒼生的臣心。養生者修得臣無家，正是為公而忘私，以天下為家。捨小我，就大我。去我執，同天地。無損無益，無色無空，無垢無淨，一切靜好。

風雷益。 幫助之心，螞蟻的養生

養生需要的幫助之心，學習螞蟻分工合作的養生，是加法的養生，幫助與服務別人，用雷的熱情與風的寬大來幫忙，用加速與合作來擴大人生的格局，製造善良與感恩，用祈禱與感謝來連結神的世界。

損卦講減法，益卦講加法。加法就是幫助、感謝、祈禱，替人生加多恩典。人的相加就是合作，熱情的相加就是友誼，理想的相加就是更美好的未來。養生養心就是替生活加福，替心加美麗的信仰。在加法的世界，施與受會循環回饋，我幫助眾生，眾生就幫助我；我向神感恩，神就賜福我。作一個很會受福的人，也作一個很會施恩的人，加起來就是很會自助養生的人。

 卦象說養生

養生者修益卦，當用加法替人生加分。擴大人生的服務，給人更多的舞臺和幸福，在別人需要幫忙時即時伸出援手，結合更多的人脈資源來執行更弘偉的計畫，給心裝滿智慧與美好的信仰。常常禱告，常說謝謝，自助助人，天助自助，在幫助與感恩的迴圈中美化人生。

爻辭 1 **利用為大作，元吉** 天助自助，我善用加法完成偉大的事業。

把自己的1，變成無數個自己的N，就是「大作」的加法。所以加法可以把一個人變成很多人的力量。一個想法可以感動自

已，接著感動很多人，喚起他們的熱情，共襄盛舉，共謀偉業，就是利用為大作。

養生者要修「大作」不容易，但可以從 +1 開始。加法最難的第一步就是 +1。在數學中的遞迴律，只要證明第 K 值成立，並且 K+1 值也成立，證明所有的自然數值都成立。所以，從 +1 開始，大作就不遠了。

或益之十朋之龜，莫克違，永貞吉，王用享於帝 神賜給人類無限的時間與空間，可以任意優游的人生舞臺，我們也用感恩與祈禱回應祂的賜福。

因為受福，所以感恩，這是人的邏輯。事實是先感恩，後受福。因為感恩的心有不同的結構，神比較願意長住，總會吸收更多賜福。

養生者修「或益之十朋之龜」，要練習先感恩，後受福的因果。感恩、感謝的心有神居住的結構，會像海綿一樣吸納正向波，找到取之不盡，用之不竭的福氣。

益之用凶事，有孚中行、告公用圭 最大的災禍引來最大的幫忙，人類用即時救濟，平衡災禍。用動員全國之力，來消弭禍

事，這是為政者的職責。

加法可以做大事，也可以淡化禍事，減輕它的傷害。所以，益不是錦上添花，是雪中送炭。

養生者修「益之用凶事」，當常保幫助之心，為弱者祈禱。幫忙是人性之光，也是回報神的愛心。團結眾人來幫忙服務，是一生修不完的功課。

中行，告公從，利用為依遷國　「中行」就是共識，用共識來動員幫忙，集合全國的力量，連遷都的大事都可以完成。

「中行」是為政的高官與平凡的百姓都有的共識，就是團結的加法。

養生者修益，不只要增加合作的人數，更要加強團結的強度，共業的熱度，所謂精誠所至，金石為開。

有孚惠心、勿問元吉，有孚惠我德　我相信幫忙與感恩，相信感恩讓心中充滿愛，是最大的吉祥，信心也幫忙美德。

《易經》說：「有信心的卜卦，就會得到智慧；沒信心的卜卦，就得不到指導。」「有孚」就是有信心，原意是女人的子宮有了胎兒。母親與胎兒之間的連結就是有孚，很像信心在我們心中的感受，它會滋養心，讓心更強大。

養生者修「有孚惠心」，當知信心和胎兒一樣會長大，需要常常養它。信心有時是自己和神的一種約定，與別人的信不信無關。相信美好、善良、神、智慧、幫忙、感恩、愛，幫忙心裝進許多美好，叫有孚惠心。

莫益之、或擊之、立心勿恆，凶　我們有時失去幫忙的心，產生攻擊破壞的心，強國不幫忙反而攻打弱國，讓世界動盪不安。

雷卦有熱情與幫忙的能量，也有攻擊與報復的能量。風卦有受福與接納的能量，也有不穩定與變亂的能量。

養生者修幫忙，要小心益卦的反轉，幫忙不足變成攻擊，感恩不被接受變成記仇，這是益卦最不幸的發展。加法可以為善，也可以為惡，一念之差，不可不慎。

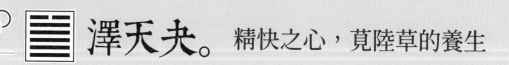

養生需要的精快之心，像莧陸草的養生，總是用最快的速度占滿有陽光的空隙，明快決斷，製造像號角一樣的動員機制，最精巧的機關按鈕，用最快啟動或停止的設計來取勝。夬是時間的最短，空間的最密集，也是最接近乾卦的陽剛力。

　　夬卦 111110 與大壯卦 111100 差一個比卦 000010，所以夬卦與大壯卦是可以比較與類比的。或說，兩卦可以當盟友。夬卦講最快速的動員與最精密的設計，大壯卦講最強的進攻或最容易的征服，兩卦都在戰場上用得到，夬以快與果決取勝，大壯以智與力取勝。人生若是個戰場，夬卦教我們要有動員的能力，從休息變成備戰的狀態，出手的速度要迅雷不及掩耳。

　　夬卦與乾卦 111111 差一個剝卦 00001，所以夬卦是乾卦的鄰居，卻是乾卦的相剝。剝卦講宇宙最後的樣子，夬卦則講宇宙最初的樣子，就是大爆炸。如果夬卦是掌握瞬間爆發或啟動的卦，而乾卦則是如詩、如畫、如龍、如神的卦。夬卦掌管了最初，當然就弱了最後，在爻辭上也是如此，到了第六爻，就變成了「無號」。所以夬卦的精猛在爆發力，它的柔弱在不持久。

🔅 卦象說養生

　　養生修夬卦，要求快與果決，求精密與爆發力，求動員與集結的機制。但快不是急躁，是靜如處子，動如脫兔；爆發力不是暴怒，是瞬間

的用勁；動員力不是朝令夕改，是神出鬼沒的用兵。

 壯於前趾　用最小的前趾跟人比賽強壯。

　　夬與大壯都是進攻的卦，第一爻也很像，都是「壯於趾」或「壯於前趾」。「趾」字中有個「止」字，這是停止的意思，因為行走時，腳趾是腳最慢踩地，也最慢離地的部分。所以，這個趾是個雙關語。

　　《易經》說：「壯用趾，是教人要止得住、靜得下，在用快之前，先學用止。」當我們用腳趾站著時，啟動的速度最快。在劍道比賽時，看對手的動作，看腳趾比看手更容易掌握先機。趾，是由靜而動的先機。

　　養生者修「壯於前趾」，當知腳先用力，趾先移，然後身體移；趾先到，然身體到；趾先停，然後身體停。想把輕功練得更快，先把趾的移動加快。快的祕訣在趾，加速、減速、轉變方向全靠它。把趾的功夫練好，自然身手矯健，不會有肌少症或行動遲緩的問題。

 惕號，莫夜有戎　用號角動員戰鬥，即使敵人深夜來偷襲也能應付自如。

一群人的戰鬥需要動員，是全隊的到位備戰。因為不知道敵人何時會來偷襲，最有效的動員力是「惕號」，就是警告的號角。

在生命科學中，有許多類似號角的設計，最快的是神經細胞的發電，快到千分之一秒，其次是荷爾蒙的分子結合，可以在數秒間，讓心跳、血壓、血糖升高，準備戰鬥。再來是免疫細胞的動員，可以在細菌侵入後數十分鐘內，集結千萬個細胞來殺敵。樹葉可以在春天溫度回升的數天之內，長出整樹的新葉。花可以在數分鐘內，爆開千萬顆花粉。只要生存需要，生命會動員回應即時的挑戰。人類是萬物之靈，所以動員的方法更高階，會使用工具，號角是其一，警告器、古代的烽火、飛鴿傳書、現代通訊系統都是。惕號類比槍的板機，用手輕輕一扣，就可以射出一顆子彈。養生者修「惕號」，要有快速動員的練習，要有板機或按鈕的設計，要有警告的號角，要有急救的措施，要有救火、救災的準備，這都是夬卦的智慧。

 壯於頄，君子夬夬　用臉色恫嚇是懦弱的表現，勇士用果決的行動去戰鬥，臉色嚴峻，死也不怕。

戰鬥之時，並非所有的人都是勇士，都有犧牲的準備。真正的勇士一旦決心犧牲則不動聲色。果決的心配合最快的戰鬥，夬中有夬，是君子的風骨。像荊軻刺秦王，因為果決赴義，所以一夫當關，萬夫莫敵。

養生者修「君子夬夬」，並非不怕死，是敢承諾，就敢履行。想法快、行動快、啟動快、收兵快，就是夬夬。用兵尚快，快就是

勝利的保證。

臀無膚，其行次且，牽羊悔亡，聞言不信　夬的缺點是陽剛太多，團隊傲慢不聽號令，同志內閧，像急躁的羊，被牽到陷阱中；像大臀少了一層皮，行動一跛一跛。

剛勇的戰士往往叛逆心很強，不聽號令的情形很平常。求快的心太過，沒有一統的號令，像跛子一樣走路，自然不容易獲勝。

養生者當戒「臀無膚」，戒急躁與剛愎自用。沒有統合的號令，沒有服從的紀律，沒有協調的行動，一味求快也不會得勝。

莧陸夬夬　作戰要學習莧陸草，用最短的時間長滿地上。

炸彈會爆發是因為貯備了巨大的能量，並能在瞬間點燃。這是剛的能量被巨大壓縮後的爆發力。只要有些微的空隙，莧陸草就迅速生長填滿。爆發力來自壓縮能量，精密性來自微小設計，都是夬的能量。臺積電能做出三奈米的晶片，把資訊作最大的濃縮，也是夬卦。

養生者修「莧陸夬夬」，當求身體的爆發力，產品的精密度，心思運算的超快速，以此來確保勝利的實力。夬是進化的陽剛，因為精密，所以敵人無法模仿；因為爆發，所以敵人無法逃脫。

爻辭 6

無號，終有凶 號令系統失能，軍閥各自為政，天下動亂。

　　夬的缺點是不持久，所以比快贏人，比慢輸人。「無號」是《易經》對夬卦的警告，但是夬的特色也在這個第六爻，它是唯一的陰爻，像洲際飛彈的按鈕，是很輕巧的設計，可是掌管著飛彈的發射，是最進化的剛，是以柔管剛，以虛管實的設計，這是槍炮贏刀箭的地方。夬是按鈕與板機，手指一動，就傷人於千步之外，滅國於萬里之遙。

　　養生者修「無號」，當改進號角或號令的機能，不讓戰鬥失去了統合的號令。號令太多，等同無號，所以如何讓眾陽爻聽令於一個陰爻，考驗著我們的智慧。如何用一陰號令五陽呢？這個一陰一定要受五陽的愛戴，一定要精密連結著五陽，一定要成為五陽的公平裁判，一定能提升五陽的性能，一定能促成五陽的進化。善用一陰御五陽的夬，就是養生的絕世高手。

 天風姤。 共生之心，病毒的養生

養生需要的共生之心，像病毒與宿主寄生或共生的關係，代表柔對剛最緩慢的征服。剛柔從相遇到結合，機緣的碰撞，不知不覺形成的共命體。一種可活在彼此的空隙間的關係，也是人類與被馴化動植物的依存關係。

如果說夬卦是用最快的速度來征服敵人，姤卦則用幾萬年的馴化與共生者相依相養。有人喜歡對等的關係，像夫妻要擁有一樣的權利義務，這種追求公平的對等是人為的。《易經》說：「要結合就不要求對等，而是相依存、相包容。」像益生菌與人，馴化物種與人，人與神的關係。愛情之美不是對等與公平，是相需相養，相依相護，一剛一柔，美不勝收。

🌱 卦象說養生

養生者修姤卦，要珍惜每次的相遇合，用擁抱，用最親愛的心。要有共生的觀念，與貴人相依相持，友誼如此，愛情也如此。不要只存獨占的心，會挑起嫉恨與爭奪。有馴化的觀念，彼此相養。人養萬物，萬物也養人。從碰撞相遇到結合共生，緣起緣滅，就是最美的養生。

 繫於金柅，羸豕孚蹢躅　有一種共生之道，像最柔的絲線可以纏繞最剛的金柅，像馴化的豬竟讓人類甘心養牠幾萬年。

人類與馴化的動物像豬、雞、牛、馬、羊，還有植物像稻、小麥、黍、瓜，形成幸福的共生關係幾萬年了。為何可以共存共榮？因為彼此需要，互相依存。這一剛一柔的美麗關係，像愛情，甚至比愛情還深，因為牠們可以犧牲自己來供養我們，我們也願意辛苦一輩子來養牠們。

養生者修姤卦，會看到一個萬物相養相馴，很柔美的畫面。養人者，人恆養之。萬物相養而共生，這是最壯闊的養生觀，沒有征伐殺戮，只有相養與共命。

 包有魚　魚用它的可口與柔弱，滲透進入主人家的廚房。

包，有兩種意義：一是庖廚的包；一是包覆、包裹的包。鮮美的魚用它的可口美味，來滲透主人家的廚房，這是姤卦使用柔美的力量，打開了家門。

另一解：用包來珍惜一隻肥魚，用包來擁有它。而這個包，就是姤卦，像愛人擁抱住彼此。包就是「抱」，是愛惜與占有的動作。什麼東西值得我們抱住呢？當然是柔美珍貴的東西。魚用它的柔美香肥，引誘我們包住它。當我們抱住家中的可愛寵物時，「包有魚」就出現。

養生者修「包有魚」，當知可愛的養生之道，就是把自己變得更可愛，讓人無法釋手。很多人愛情走的跌跌撞撞，就是沒修好這個包有魚。失戀時埋怨對方沒有良心，另結新歡，其實這種說法是不全對，一半的原因是有一方不再那麼可愛，不再值得被抱住不放。所以不要問對方為什麼不愛我，要問自己為什麼不再可愛。

臀無膚　長期臥床的病人臀部長出了褥瘡,細菌利用病人沒有知覺的皮膚來侵蝕他。

　　姤卦用在病理上有不同的智慧。病菌侵入宿主沒知覺的部位,像褥瘡,口腔中的細菌,不疼,也不發燒,所以不被重視,就長期住了下來。所以寄生的法門,就是不造成宿主太多的痛與負擔,活在宿主不知不覺中,活在空隙中。

　　養生者修「臀無膚」,當知姤卦用柔、用慢的功夫,會讓人失去了注意,等同於不知不覺侵入。和夬卦的快如閃電不同,姤卦的不知不覺,讓人防不勝防。防快不易,防慢更難。養生當有防慢的智慧,勤於檢視生活與身體中的慢病,不讓臀無膚悄悄上身。

 包無魚　柔在剛中寄生成長,化成剛的模樣,造成眾剛的爭執。

　　從「包有魚」到「包無魚」的發展,真是讓人噓吁嘆息,是可愛的事物被別人抱走了,產生了嫉恨心。這時候,姤卦已經不再柔弱可愛,她變成有心機、有破壞性的剛,挑起眾剛的猜疑與爭風吃醋,利用眾剛的矛盾得到權力。

　　養生者修「包無魚」,當防姤卦的慢進與慢變,這是陽多陰少的特性。所以治國治軍,要提防包無魚的挑撥離間,養生則要防小人的搬弄是非,利用我們的嫉妒心,來破壞我們的團結。

 以杞包瓜,含章,有隕自天　最高貴的杞葉,可以包裝最便宜的瓜果,高高在上的天,也用隕石來訪大地,一切大結合,始於

最輕的遇合。

　　要大結合，光碰撞相遇還不夠，要以杞包瓜，要含章，用最珍惜的心包住每次的相遇，把它含在口中，讓它活在我們的身上、心上。簡單說，就是要惜緣。。

我見過「以杞包瓜」的養生者，總是讚美，總是驚艷。每次的相遇相知，見面寒喧，心領神會，花開花落，蟲鳴鳥叫，觀看表演，聆聽與閱讀，茶茗咖啡，四季節慶，書信往來……都能感受到如天使下凡的福緣。是的，人生因珍惜而美麗，因讚美而不凡。

 姤其角　與人遇合像羊用角在決鬥。

　　姤卦的反轉，不再相惜共生，而是以角相撞互傷。所以遇合的結果有二，一是相擁抱而共榮共生，一是相鬥而兩敗俱傷。「姤其角」是雙方都用剛，如果一剛一柔，姤其角還是不成立。

養生者應該注意避免常常陷入「姤其角」的爭吵中，要變換剛柔。一旦會變換剛柔，姤其角也變成像打情罵俏般有趣。

\Point/

　　有一種結合很重要，往往被我們遺忘，就是與神的結合，與天地的結合，與善能量的結合。有人覺得人生很孤單，常常自己一個人活著，而忘記其實神始終與人共生著。我認為，人生最重要的結合，是與神與善的結合，活在神的心中，也讓神活在我們的心中，所謂「神我」的共生。

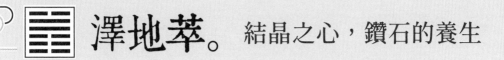

澤地萃。結晶之心，鑽石的養生

養生需要的結晶之心，一種最單純與緊密的結合，像金剛鑽一樣的聚合眾多單一，產生最佳的秩序與排列，變成晶瑩剔透的過程，犧牲自我的自由完成大我的化一。

央卦 111110 與萃卦 000110，差別是一個泰卦 111000。也就是央卦的內卦，由天卦變成地卦，外卦維持不變，就變成萃卦。泰卦講最旺盛的交換，所以央卦與萃卦之間，有著最暢旺的交換。

央卦講最快的開始，像號角一樣的動員力，而萃卦則講最堅實的結晶體，像永恆不變的鑽石。一快一慢，一攻一守，確實大不同。但兩卦也有共通之點，就是都有緊密的質量。央卦是緊密的剛能量，會隨時爆炸。萃卦是緊密的順從體，是恆久的晶瑩剔透。用結構來研究兩卦的異同，就會進到更精微的易理世界，我稱之「可以運算」的《易經》。經過這些運算勾對後的《易經》，就更精密無誤，因為一旦有錯，馬上會產生矛盾。

🏵 卦象說養生

養生者修萃卦，就要學習整理與簡化的功夫，把生活變成簡單的道理，把價值變成簡單的秩序，把複雜的學問化成簡單的公式，讓它晶瑩剔透，讓它無堅不摧，無敵不克。整理的工作很基本，也很重要，因為只要稍不整理，生活就會亂，就會不聽使喚。所以「萃」是治亂的功夫，作亂是「萃」的不足或生病。

乃亂乃萃 我用聚多來建構純一的結晶，由亂變精萃。

　　姤卦是物物的碰撞與共生，萃卦則是眾多遇合後結晶化。結晶是一種特殊的結合，不是一盤散沙、一陣雲煙，而是紮紮實實的晶體。大多數的物物結合，都無法形成像鑽石一樣的結晶體。我們心中的學問也是，大部分的學習一開始都是紊亂的，要經過多年的消化整理，才能變成一家之言，成為通達萬理的智慧。

　我見過萃卦的養生者，講話總是簡短而意明，人際關係總是清清白白，價值觀沒有模糊地帶，房子總是乾淨，總能看透你的心事，幫你說出你想半天說不清楚的話。你也能看透他的心事，因為他像個透明玻璃，從不隱藏事實，也不說謊，但很重視秩序與倫理，有點潔癖，但簡單純淨，條理分明，博學而通命，像一顆寶石炫麗奪目。他會說，這也沒什麼，就是多整理一下自己。

引吉，孚乃利用禴 我用導引的方法建立共識，用簡單的祭品祈禱。

　　整理自己或一件心事還算容易，要整理一群人或一堆心事就不容易了。《易經》說：「要用『引』，勾引、吸引、引導，引君入甕。」地心引力可以幫我們沉澱雜質，適當的引力可以幫我們聚合一群人，讓他們乖乖就座。
　　晶體的形成就是用精微的引力，像是更低的能階，更安定的位階，更有序的晶格。神也用「引吉」來吸引我們的信仰，「禴」是簡單的祭品，象徵最容易的道理，最吸引人的說法，最服氣的共識，簡單而吸引人心。

養生者修「引吉」，要學單一的引力。很多人都喜歡單一，不用花腦筋選擇，單一就是最強的共識與信仰。因為單一，所以無法懷疑，無法拒絕。單一就是檜，最強的引力。

 萃如嗟如 我在唉聲嘆氣中，開始聚焦專心。

　　單一是一種力量，但是不好修，就像專心一件事，有時很難。單一太久了，會有副作用。因為單一是專制的、霸道的、沒得商量的，這時我們的心會痛苦，不能三心二意，不能自由問答，不能懷疑退出。

養生者修「萃如嗟如」是辛苦的，可是還是要修。唉聲嘆氣只是一個過程，能把雜亂的心整理乾淨就值得。萃卦是一把自宮的刀，除亂草的刀，斬斷情絲的刀，明心見性的刀。

 大吉無咎 心因為聚焦，所以發現智慧，亂民在秩序中，找到安心。

　　斬除了三心二意，晶體的雛形略見，是故「大吉無咎」。在管理上，萃卦是一種聚合的發展，一種共識的建立，一種單一的認同，一種架構成形，是安定政治體的初現。缺乏萃卦的治理，群聚生活終成一片散沙，一群亂民。

養生者修「大吉無咎」，當盡快用萃的管理，把生活的亂流結束。亂世的結束當然大吉，但太專制的管理，淪為暴政也不好，所以也要修訂防專制的規則。修萃時，一定要提防。

爻辭 5 **萃有位** 替每個人安排合適的位子，可以安定團隊，有「位」可以幫忙「萃」，「萃」也可以提供有「位」。

　　我的《易經》學生中，曾有人把「萃有位」選作她最喜歡的《易經》智慧。問她為什麼如此喜歡？她說：「因為它貫穿了我大部分的人生智慧，包括我的工作、舞蹈教學、養生、家庭，我與這個世界的相處之道……。」我又問：「那妳心中的『萃有位』是什麼意思？」她答：「位子就是空間的智慧，混沌的空間原來是沒有位子的，但如果加入了座標，讓空間的每一點都有了單一的座標，沒有重疊，沒有混亂，如此的空間，像夜空中的星星，彼此都閃閃發光起來，是不是美不勝收？」我點頭，她講得太好了。

　　她繼續說：「廣義的位，是一種幸福的位置或空間，人與人的關係用位子來理解，就變很容易，因為安於他的位子，所以相處就容易。若不能安於他的位子，相處就發生不安與磨擦。所以我替家人都安排了最適當的位子，變成我們相處和樂的基礎。就像兩人共舞，位子站錯了，舞就跳不下去。位子對了，舞就美不勝收。」於是我知道，她的萃有位，已經是她人生智慧裡的萃中萃，結晶中的結晶。

　　幸福就是人人各安其位，美麗就是形色各得其位，善良就是替人找到合適的位，智慧就是替問題找到最接近解答的位。

養生者修習「萃有位」，要練習各種位子的安排、設計。這時的萃，不只是治亂，找到引力共識，找到管理的方法，而是要建構一個各安其位的幸福世界。幫事物找位子是一門管理的藝術，是倫理，是政治，是眾生的結晶學。從一盤散沙到一顆金剛鑽，靠的就是萃有位。

齎咨涕洟　結晶的過程，我心如刀割，小我被犧牲了，涕淚縱橫。

　　萃有位，是一個崇高的理想，但是總會有所犧牲，譬如小我的自由度被犧牲了，想破壞規矩的想法被禁制了。個人主義對群體管理，永遠是格格不入。我的萃有位，不一定是你喜歡的，所以再完善的制度或政治體，都會有不滿的人。

「齎咨涕洟」是養生者修萃的代價。你們聽過一顆鑽石在哭嗎？《易經》說：「它會偷偷的哭，因為光芒奪目的代價是受困在晶格內，不再浪漫，不再逍遙，不再隨心所欲，不再自由變形。」

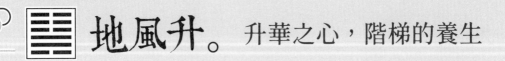

地風升。 升華之心，階梯的養生

養生需要的升華之心，像階梯一樣的設計，可以讓人踏實，又可以讓人升空，以實求虛，向虛空的前進，在真實的世界擁抱假想的世界，向亂度最大的方向發展，追求最大的自由度，最後是冥升，代表往生後的歸無。

升卦011000與姤卦011111比，剛好差一個否卦000111，意思是升卦與姤卦的內卦都是風卦011，但外卦則由姤卦的111變成升卦的000。否卦的意思是生命的否定，環境不利生存的。姤卦講相遇與共生的關係，升卦講離實升虛，進入幽冥假想的世界，一實一虛，有逆轉對方的否能量。

升卦是以實求虛，作種種的假想，是升華人間進到天神的境界，也是與冥界的連結。這個世界是實的，因為看得到摸得到。這個世界也是虛的，因為沒有神的影子卻有神的相信，沒有愛的形狀卻有愛的感受，沒有未來的足跡卻有未來的想法，沒有時間的顏色卻有時間的觀念。世界因為有實有虛，所以更豐富美好；因為有時間的觀念，所以更能計畫未來；因為有愛，所以更能擁抱未來。升華，讓我們更接近虛實共存的美好人生。

🌼 卦象說養生

養生要養升，讓生命升華，讓智慧升階，讓實與虛相擁抱。敬神是信仰的升華，建好梯子往上爬是踏實以升虛，立體是平面的升階，布施是搶奪的升階，分享是獨占的升階，繁榮是空城的升階，天堂是人間的

升階，永生是養生的升階。精采高尚是長短的升階，所以養生不能只求長短，要求智慧的深廣，愛的無微不至。

允升，大吉　所有人都同意我的上升，這是最大的吉祥。

　　上升的條件就是大家的同意，沒有反對的阻力。萃卦中，治理亂群要用引力，就是拖住大家的力。在升卦，用的不是引力，而是大家不阻擋的「允」。允，是贊同，投你一票，支持你，讓開一條路。

　　養生者要修「允升」，就從「益」開始，把好處分享給別人，讓他覺得不防你升，對他有好處。我認為，還有一種允升更難，就是讓自己不要阻擋自己。並不是每個人都有上升的心，願意走上升的路。允升最難的是有了自暴自棄的心理，生自己的氣，莫名其妙的處罰自己，不斷的自我沉淪。《易經》說：「放開自己！解開一切的束縛，讓自己上升，叫允升。」

孚乃利用禴　用簡約的祭品拜神，因為信仰已經升華。

　　神比人高，所以信神，是人的升。原來升還有一個方法，就是拉住比我們高的，像神。用什麼拉，就用信仰。有時神不好連結，世間還有很多出神入化的高人，拉住他們也可以。

養生者修「孚乃利用禴」，要用信仰拉住比自己高的人或神，讓他們帶我們升。有人拉不一定好升，有時自己太重，所以要減重，把心事簡化，丟掉沉重的心事，簡單明白的祈禱，這樣要拉升也比較容易。

升虛邑　我登上無人的空城。

虛是實的上升，實也是虛的提升。廣義的升，不再是往空虛的方向前進，而是文明、理性、智慧的升。有人說，「升虛邑」是遁入空門，出家當和尚，我認為不是。其實升卦 011000 與臨卦 110000 的結構很像，就差兩個 11 的位子不同，臨卦的 11 往上移了一階，就是升卦。所以升卦有臨卦的祕密能量，就是用接近與到臨來豐富人生。

如何去升華一個空虛的城呢？用人口與經濟化實它的存在。升虛邑還有一種大能量，就是乾卦中的「飛龍在天」。一隻會飛的龍，不但本事高強，還找到它專屬的天空，就是升虛邑。

養生者修「升虛邑」，要幫空虛的城裝滿文明與繁華，要以天養飛龍。任何事都可以升虛邑，幫它裝滿有意義的美好就是。

王用亨於岐山　國王謙虛敬神，王道更受實民愛戴。

岐山是周公的老家，周王在老家拜神，這是對祖先與神謙敬的行為。王道是世間的治權，是實的；神道是對神的禮敬，是虛的，這一實一虛之間，倒底是什麼依存關係？從現今世界的宗教

盛行，我們不難知道，神道與王道都是文明的必需。一個願意被神管束的國王，當然會受到人民更多的信任。

養生者修「王用亨於岐山」，當知謙敬是一種升，外表是把腰彎的更低，心的格局卻升到神的天空。向神承認自己不足，換來的卻是更高遠的理想。祈禱就是「用亨」，暢通與神的對話，人道就不再這麼難了。

 升階 我爬階梯一步一步向上，升華的目的是向上求無限的虛高，作法卻是往下踏實每一個小步。

這個「升階」的智慧，可以媲美萃卦中的「萃有位」。若說升是求虛的行動，這個階卻是最實的腳踏。往下踩一步的階，完成的竟是往上升高一階的眼界。眼界的升虛，靠的是腳下的踏實，這種智慧之高，令人嘆服。

人不會飛，但是可以爬得比鳥還高，靠的就是升階。允升，靠別人不擋，是被動的。升階，則非常主動，先把階梯準備好，然後努力上爬，以實求虛，以虛養實，天人合一。

升階還有另一意，就是在維度上升階。人道與神道不同，暢通了神道，就是人道的升階；長度的升階，就是面積；面積的升階，就是體積；八卦的升階，就是六十四卦；小乘的升階，就是大乘。

養生者修「升階」，當學腳踏實地的升階，也要學在維度中升階，用敬畏神的階，管理自大的自己，用高來看廣，用多維來看低維，用眾生來看個人。

冥升，利於不息之貞　我用冥想讓心靜空，提升心的高度與厚實，藉此突破生死的關卡。

　　實體的生命是有限的，因為有老病死的相纏。「冥升」的不息之貞，就是突破養生的限制，看破生死。《易經》說：「看破生死的方法有無數種，統稱冥升。」冥，是死亡之境。冥升，就是假想死亡的升華，可悟生生不息的道理。世俗說死亡是往生、升天，是有禪意的。或說死亡是生存的升階，小死大活，靠死亡更近，活的感覺更可喜。

　　養生者修「冥升」，要冥想死亡來改進生活的深度，不要每天活得像死人，那是養生者的末路。

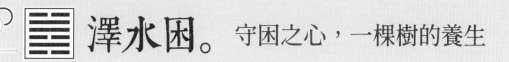

澤水困。 守困之心，一棵樹的養生

養生需要的守困之心，要學一棵樹的處困之道，把受限在根莖的人生化成幸福的自覺，像人類受困在地球又快樂活在地球。研究心的用困，動靜的相困，快慢的相困，縮小雜亂的集合，像數學上的交換群，快活在被遺忘的世外桃源。

　　困卦010110，內卦變為000就是萃卦，變為111就是夬卦。所以這三卦連續講，這是文王要細講三卦微妙異同的心意，夬卦講果決與快，因為天卦的剛強被集中了；萃卦講結晶與秩序，因為柔順被排好了位子；困卦受封而不通，因為坎水被集中又定界了。由此可知，澤卦在外卦的特質，是它可以集中內卦，可以定位或定界內卦。澤卦有聚實的能量，本來就是很嚴厲的，如今內卦是個坎水，代表困難、危險，所以創造了困卦。困卦不是很吉祥，但是用在兵法上很好用，可以把敵人圍住。所以師卦010000加萃卦000110就成了困卦010110，是把敵人圍起來打乖的兵法。

　　其實萬物皆困，因為萬物有它的界定、定義，讓萬物安住在界定內，像「萃有位」。《易經》與《心經》略同，內藏二元反轉，愈壞就是愈好，沒有例外，困卦也是。一棵小樹會說它被困在陽光中嗎？人類活在地球的地表十公里的厚度範圍，不也受困在有水、有空氣的地表嗎？所以看似受困的萬物，其實也享受著他們被保護安住的範圍內。

　　數學上的「運算群」也是，一定數目的元素集合成群，彼此可以運算，但不會跑出範圍，都有彼此的反元素與0元素，形成快樂的群運算天地，也是困卦。

困卦很重要，因為《易經》教人容易，反過來說就是教人解決困難的方法。如何解決困難呢？困卦 010110 與解卦 010100 相差一個比卦 000010。比卦是交朋友，聯合起來並肩作戰。所以困卦與解卦彼此可以當朋友，或說把困卦當朋友，就自然找到它的解。

⚜ 卦象說養生

養生當知守困與解困之道。就用困卦的六個爻來練習說明。

「臀困於株木」：動靜相困變不相困，該動就動該靜就靜，人不要活得像一棵樹，只靜不動，樹不要活得像人，天天想動。

「困於酒食」：沒酒喝就喝水，沒有美食就簡食，把需求當朋友，不當暴君。

「困於石」：石頭很硬，但可以和肉身當朋友，用它來蓋房子，如此剛柔相困也解了。

「困於金車」：把急緩的心情轉換一下，快慢相困就解了。

「劓刖，困於赤紱」：缺與滿可以不吵架，藏實與虛名可以相襯，因要求完美而相殘相怨的困也就解了。

「困於葛藟，臲卼」：活在困難重重的環境中，也有很快樂的心，因為把困難當朋友。

綜上所述，把困難當家人或朋友，困難就解開了，就這麼容易。

 臀困於株木　樹木的靜是動物的困，無法靜是動的困。

動物不能老是一屁股坐著，因為動物需要覓食，需要求偶。樹則不同，樹需靠根來吸水與養分，即使根讓樹不能移動，無妨，因為樹不需要為了覓食求偶移動。萬物的動靜不同，所困與

不困的條件不同。如果動靜的配合不佳，就彼此相困。《易經》說：「一個人不能老是用臀坐著不動，學樹的樣子，坐著不動就困住了動的生命。」臀不是樹的根，根也不是人的臀。不安天命的動與靜，就是困。

養生者修「臀困於株木」，當知動靜的相困，樹木與動物的動靜不同，臀與根的作用也不同，養生要修動靜合宜，困就不上身。

 困於酒食，朱紱方來　我困於酒食的需求，困於名譽權力的欲望。

　　需卦的第五爻是「需於酒食」，所以水卦是生命的需要，向需要集合的困卦，說出了人生的奧義：不只刑具牢籠困住人，需要與欲求更困人。

養生者修「困於酒食」，應該莞爾一笑吧？當我們在享受美食時，我們不會承認我們受困於美食，但當變胖或得了代謝症候群，我們才會想到美食可以困人。名利權力的追求也是，因此「朱紱」可以輕易困人一輩子而不自知。

 困於石，據於蒺藜，入其宮，不見其妻　我柔軟的身體被堅硬的山石與有刺的植物所困。我進到宮殿，看不到我美麗的妻子，我的實被虛所困。

　　柔軟的身體受困於堅硬的石頭與尖刺的蒺藜，期待的心受困於不見的愛人。所以，柔被剛所困，實被虛所困，有被無所困。

只要心往一邊靠，就受對邊的事物所困。石頭用來蓋房子，保護我們柔軟的身體；被石頭砸，會讓我們頭破血流。剛柔相困只是剛柔的一種特殊關係，並不是所有剛柔都相困。

養生者修「困於石」，要有脫困的智慧，了解萬物相困的樣子，心生警覺，不被期待心、執著心困住，隨時修正自己的困境，找出化困的方法。

 來徐徐，困於金車　我坐上最快的金車，司機卻遲遲不來，我的快，困於慢。

　　金車是讓我們跑得更快的工具，空有金車，沒有司機，這種「困」很擾人，叫困擾。歌唱不準，太多的紅綠燈，太快結束的婚姻，太多錢，太多愛人，太多應酬，太多夢想都會困擾。

養生者修「困於金車」，當知困擾無所不在，是我們的心製造出來的，困於太快或慢，太多或少，太高或低，像感冒或新冠肺炎，一不小心就染上了，再不小心就陣亡了。

 劓刖，困於赤紱　完美主義讓我困於身體的殘缺，虛榮心讓我困於美好的名聲。

　　困卦有一把刀，會把東西切開，把完美切開了，就剩下不完美。是完美主義會困人，不是殘缺。完美主義像潔癖，總是不滿意。

養生者修「劓刖，困於赤紱」，當知虛榮心也會困人，把名聲看成比生命還重要，一下子是榮譽，一下子是面子，一下子聲望，一下子是風評，沒有手銬腳鐐，但讓人無從掙脫。

 困於葛藟，於臲卼　經過了靜困動、剛困柔、虛困實、慢困快、缺困需、完美困殘缺，人生的困琳琅滿目，層層疊疊。

困，不是單一的、是多層次的；是有形的、也是無形的；是美麗、也是醜惡的；是養生的、也是傷害的；是封閉的、也是界定的；是阻擋的、也是保護的。

養生者面對五花八門的「困」，應該勤修解困之道。有些困是美好的，就不要去破壞；有些困是醜惡的，要速速解開。

207

水風井。 通達之心　一口井的養生

養生需要的通達之心，像挖通一口好井可以供一村子的人分享水源，比喻找到不同世界間的通路，找到一個水循環的世界，像一技之長可以供養我們一生的事物。造一口井的心意是美好的，創造流通的泉與井水，養生需要相通的窗口，無遠弗屆的管道。

把地下的水用風的升力汲取到地面，就是井。我當醫生需要替病人診斷，而診斷的方法總是離不開挖深，打開知覺的管道，擴大症狀的細節。用內視鏡深入病人的胃腸去看就是挖深，用 X 光照進病人的體內，用顯影劑突顯血管的通路，用超音波，用聽診器，都是類似的原理。有用的資訊被阻隔封閉時，就用挖井的方法打開封閉，讓資訊可以自由流通。所以診斷的工作像挖一口井——通往真相的井。

水井、油井、天然氣井、溫泉井，都可以源源不絕供應我們有用的物資。把井引伸為通路或管道，那就無處不井。我們的生活與文明需要各種通路與管道，這樣才有連結的方便性。困卦講界定與封閉，井卦講通路與管道，兩卦相綜，都是養生的必需。

🪷 卦象說養生

養生者要修井通，養成一顆大通之心，通天地之道，通達古今，通人性善惡，通萬物之情，通成敗之理。苟有幾分智慧，更要分享眾生，以水濟渴，以需助人，以井通困。

井泥不食　被泥阻塞的舊井，沒人飲用。

井或管道需維持暢通，才會有人來汲取。

人體會生病，很多是因為管道不通，像便祕、心肌缺氧、腸扭結、神經阻斷、結石、中風、鼻竇炎、高血壓……。管道通，病就少，貨暢其流，經濟就旺。養生者一定要有井通的觀念，通風、通水、通財、通情、通識、通義、通天、通地、通古今，能通就能達，通達等同健康，是養生者的佳境。

 井谷射鮒　井太偏遠，失去供水的功能。

通井之後，還要考慮井的方便性。有些井水很甜，但太遙遠，也就不被善用。方便取水也是井的功能，所以造井的精神，不忘製造方便。

養生者修「井谷射鮒」，當知通路只有方便，才能普及，才能有效分享。溝通的工具也是井，手機溝通太方便了，公共電話就沒有人用；Google 查資訊太方便，就少人上實體的圖書館。所以，方便性決定了井的價值，

井渫不食，為我心惻 井整理好了，水質很好，可是沒有人來喝，善知識需要廣宣，通人心後才算善知識。

整理好的井，還是有人不用。為什麼？這是人性的盲點，總是看不起身邊既有的幸福。其實生活中溝通的管道很多，也很方便，我們不一定會用，因為有時我們會自閉，甚至討厭與人溝通。

養生者修「井渫不食」，當知井通了，方便了，還要愛去用它，常常用它，這樣的井才能創造生命的價值。常用，把井變活，把心變通，把養生變熟練。

 井甃，無咎 我不斷維修生活的泉井。

井常用了就需要維修，像車子的定期檢驗，確認安全性。常用方便的井是好的，濫用則不好，常用到濫用只有一線之隔，兩者差在有無適當的保養。

養生者修「井甃」，要定期修整保養通路。身體要保養，工具要保養，友誼要保養，《易經》裡的每一種養生法都需要保養。

 井洌寒泉食 井水甘甜比美山上的寒泉，從地底到山上，每一滴水其實都循環相通。

每個美滿的家都是一口好井，供養著生命的長大。更美的是，每口井的源頭是共通的，甲家的美好到了乙家也是美好。地

下的井水與山上的泉水，一樣的乾淨甜美，彼此在水世界循環不已。地下水、海水、河水、雲、山泉，我們的汗水、血水、尿、眼淚，都有自我潔淨再循環的方法。

養生者要學習水的通天遁地，把心練成一口通天地的大井：知道天道，就是通天；知道地道，就是通地；知道人道，就是通人；知道過去，就是通古；相信神，就是通神；相信名利，就是通名利；相信善有善報，就是通善。我們的心用「信與知」大通天地古今。大通之心，優游於天地人三界，一如井與泉在水世界的大流通。

井收勿幕，有孚元吉　我用造井的精神，把最美好的事物分享眾生，藉此我建立了心意相通的善世界。

　　井是一技之長，是智慧的通路，是養生的管道，既然通了就不要遮蔽，要開放它、分享它，相信通善通義的價值觀，是人生最大的吉祥。

養生者把源源不絕的井水分享眾生，象徵美好的智慧，愈用愈通，愈散播愈透澈。智慧之井要大通天下，不要只想藏私，把一口好井關在自己的心裡。

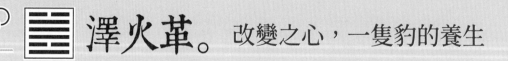

澤火革。改變之心，一隻豹的養生

養生需要的改變之心，像一隻雲豹的輕快，比雲還輕，比閃電還快，隨時可以快速應變改變，養生需要改變的智慧，破舊與啟新，在老舊的智慧裡作整理淘汰的工作。

延伸夬卦 111110，萃卦 000110，困卦 010110，革卦的 101110，仍是以澤卦 110 為外卦。革卦與困卦比較，就是把困卦的內卦由水 010 變為火 101。火是美麗，認同，把美麗集合，把認同結晶，就是革卦。如果困卦是封閉、自困，革卦就是改變自己，整理自己，把自己往更美更好的方向改進。

🔆 卦象說養生

養生者修革卦，就要有破舊除弊的決心。改革是為了鞏固更核心的價值，要慢工出細活，要取得共識，要用通神的智慧與信心，要用大人的權勢，最後要用輕快如豹的行動。有上述這六招神功的加持，改革的工作更能得心應手。至於要慢工出細活與要輕快如豹兩項似矛盾，其實不然，這是準備面與執行面的差別，留給讀者思考吧！

 鞏用黃牛之革　我用即時的改革，將美好鞏固長久。

「鞏」字有個「革」字，兩字意思幾乎相反，也能用在一起。革是革命、改革，所以用到了澤卦的能量：分開淨化。而偏

偏作成的革又特別強韌，可以用來綁牢東西。所以革可以幫助鞏，但鞏可以幫助革嗎？可以的！若要斬敵首，當然要先把他的身體綁牢，綁不牢的敵人，斬不到他的頭。

養生者修「鞏用黃牛之革」，當把鞏與革變成了彼此的手段，用隨時的改革來鞏固長久。革不是一切都丟棄不用，而是除去破舊，留下完好。

 己日乃革之 改革不容易，我準備了五天，到第六天才開始行動。

改變是有阻力的，所以不能說改就改，要累積共識，要蘊釀火候，要貯蓄實力，往往準備了五天才能改變一天。「己日乃革之」是小心的緩慢的改革。

養生者修「己日乃革之」，當知改革這件事不容易，先鞏固好，再等個五倍的時間，準備周全才啟動。或說，改革的工程太大，一次不能全部改，改五分之一就好，是漸進式的改革。

 革言三就，有孚 改革派與保守派的實力相當，改革沒有必勝的把握，不如先強化改革的信心。

前兩爻說，改革要先鞏固好現狀，再慢慢準備，分期進行。這爻說，進行的過程，還要再三研究得失，強化改革的共識，才能順利前進。可見改革不是隨意的變，是要凝聚很多智慧心力的變。

養生者修「革言三就」，當知改革是智慧的凝聚，是經篩選又篩選後的智慧。是進行中還要再三議論的工作，是要不斷加強共識才能成功的事。

 有孚改命　我用信心改革過去，改革命運。

　　益卦九五爻辭說「有孚惠心」，信心可以強化我們的心智。這裡又說，「有孚改命」，更厲害！連命都能改，像神力一般的強大，就是信心。什麼樣的信心可以改命呢？我認為信神就是。信是與神相通的管道，是火卦的能量。澤卦是割除、改革。用信神的力量來改革世道，就是有孚改命。

養生者修「有孚改命」，要相信神比相信自己更強大，相信理想比相信學問更致遠，相信助人比相信享福更快樂，相信一定有更好的明天，就是有孚改命。

 大人虎變，未占有孚　大規模的改革像一隻威猛的老虎，瞬間震懾整個森林，不讓反對者有僥倖之心。

　　《易經》說：「像老虎一樣威猛的大人物，用他的威力，還有人們對他的相信，可以完成更大的改革。」老虎不必每次都跟狼打架，才能證明牠才是萬獸之王，靠牠的威勢就可以，大人也是。

養生者修「虎變」，當先思考什麼變是最驚人的變？是生死！可以改變人的生死，像老虎改變獵物的生死，這種威勢，就是虎

變。在男人的世界中，最大的權勢就是決定別人生死的權力。權勢很好用，因為管理眾生需要，所以嚴刑峻法就是「大人虎變」，可以讓大家奉守改革，再一次證明，虎變的力量可以鞏固改革的成果。

君子豹變，小人革面　君子的才思敏捷、身段柔軟，推行改革像豹的迅捷輕快，以此防範小人的無情變臉。

　　虎變的權勢更進階，就是「豹變」。豹力量不如老虎，但跑起來更敏捷輕快。一旦身子輕快，像雲一樣輕，像風一樣快，改變的本質就出現，這種本質不是輕浮，不是草率，是一種謙敬，隨著改變的需要，作出最適時的改變，沒有傲慢，沒有笨重，只有輕快，叫豹變。這種輕快用在小人身上，就成了隨時變臉，無情無義。君子與小人都有他們輕變、快變的本事。或許，就差在對信義的堅持與否吧！

　　養生者修「豹變」，不用「虎變」的威勢，用輕快有時比威勢更好用，因為威勢是強迫性的，輕快是自主性的，讓人來不及阻擋的。我見過豹變的人，出手很快，行動如風，舉重若輕，總是第一時間，就找到最好的改進方法，總是可以一邊哼歌，一邊完成改革的工作。別人滿頭大汗，他總是輕快微笑。養生學豹，一生輕快。

火風鼎。 創新之心，一口鼎的養生

養生需要的創新之心，像一口鼎可以烹飪文明，把火的美麗高高升起，代表文明的創新與建設，創造美麗與信心的高度。象徵用不一定的假設推出美麗的結論，用合成的方法煮出一鍋美味，是若 A 則 B 的總合，也是每件事的 SOP，也是從草莽到文明的過程。

從姤卦 011111 開始，經過升卦 011000，井卦 011010，到鼎卦 011101，都是用風卦 011 當內卦。把井卦的外卦水 010，改成火 101，就成了鼎卦。如果說井卦講把地下的水挖出來，呈供地上的人來喝，那麼鼎卦則講用風的上升把火升高點燃。一井一鼎，一水一火，可見《易經》命名的精準巧妙。

鼎卦與革卦相綜，革卦講改革的心法，鼎卦則講加高文明的建設。革若是破舊，鼎就是固舊，兩者其實有交集，都是一種建設的手段。或說，改革派與保守派雖然立場不同，但對國家建設的美意是相類似的。

❀ 卦象說養生

養生者修鼎卦，當有固舊而創新的精神。用假設的開始，到證明成真。用建設的實績擊退改革派的批評，也可與改革派合作，推出革鼎兼備的建設。建設或改革的界線很難分清楚時，作最大膽的創新，才有金蟬脫殼的蛻變。鼎卦也鼓勵改變，只是不用砍頭的方法，用烹飪的方法，用加法把文明推向最高，從物質進到精神，從實用進到藝術，從平庸進到富麗絕倫。

鼎顛趾，利出否　我修正鼎趾的長短，加強鼎的隱固。

　　鼎有三足，不一定等長，會有顛跛的情形，一般就是墊個底板把長短補齊。這個把腳板墊齊的動作，就是對「風」的整治，因為風是不整齊的，補齊了就成了火的美麗。從不齊到整齊，從不美到美麗，就是由風變火的過程，就是修鼎的工作。

　　養生者修「鼎顛趾」，當知如何轉化風變成火，墊不整齊的鼎足使其隱固。延伸這個動作的意義，是把風的虛空變成火的智慧，用假設的 If 開始，導出結果的 Then。每個如果都有一個如何來回應，人生會更精采、更踏實。

鼎有實，我仇有疾　我用固舊厚實的成績，封住改革派批評的嘴巴。

　　鼎的仇敵是改革派，用治理建設的實績與改革派的對抗。風是虛的，但強風可以吹倒房樹。風是相遇合，合久了就有實力，進化的風就是由虛變實。改革要求砍頭式的改變，鼎卦則用加成式的實績應對。

　　養生者修「鼎有實」，當充實計畫的執行成果，不要停在假設的階段。鼎革相爭的環境，必須有實，有成果，才能應付革派的挑戰。

鼎耳革，其行塞 鼎耳朵被改革派破壞了，建設停擺，建設的同時，我迎接必要的破壞。

革卦中的「己日乃革，革言三就」，講改革的不容易。鼎耳革則講建設的不容易。在鼎與革的糾纏過程，破與立總是吵吵鬧鬧。鼎是固舊的動作，也隱約有離舊的影子，革有除舊的動作，隱約有迎新的影子。依照慣性前進是鼎，變化路線前進是革，可是最常見的走法，往往是一點慣性又一點變化。

說鼎是舊的，也不公平，鼎是風的創新加上火的美麗，一點也不舊。說革是新的，也不見得，革與鞏相依存，時間隨時改變，時間的流動卻是最古老的。走到「鼎耳革」的階段，新舊破立的界線是不清楚的。

養生者修「鼎耳革」，要把人生看成一場新舊認知的遊戲，沒有全新的，也沒有全舊的，總是半新半舊，新鮮又熟悉。這是一種中道的智慧，也是漸進的智慧。既有創新，又兼守成。

鼎折足，覆公餗 我輕忽破與立的對抗，鼎足折斷了，裡面的美食也翻覆了。

「折足」比「顛趾」難治，是要開刀打石膏的，是會把美味的食物翻覆的。要建最高大的鼎，從小鼎翻模建不成。有詳實的設計才能建好鼎，建到一半要打斷一足重建也行不通，比喻改革與保守派的戰爭全面開打，結果兩敗俱傷。

以前讀到此爻時，我總覺得是一個凶爻，是一場兩敗的戰爭。如今讀此爻，略感不同。在數學的世界，假設與證明是互相

依存的。大的假設往往是驚人的，但證明後又是最大的真理。哥白尼的地動說，愛因斯坦的質能互變說，達爾文的物種演化論，都是最大膽的假說，事後被證明是最大的真理。文明高度的躍進，往往需要最大的假設來推動，而最大的假設，就是「鼎折足，覆公餗」。

養生者修「鼎折足」，當有大破大立的決心和遠見，對錯誤的舊鼎忍痛折足，接受天下人的嘲笑也不退縮，用最大膽的假設前進，不讓錯誤的現實在未來造成更大的傷害。

 鼎黃耳金鉉 建設沒有上限，我的鼎裝上黃金的耳與鉉，美不勝收。

黃耳金鉉都是鼎器需要的部分，耳可以提，鉉可以抬，這是祭拜時最美的部位。鼎原是家中的煮鍋，後來發展成祭拜的國器，象徵大過實用的意義。

我們可以把鼎看成一件完成後的作品，是經過不斷修改後的成果。因為接受了最嚴厲的改革洗禮，所以成果顛仆不破，不但顏色美，價值也非凡，就像臺北的一〇一大樓最高，所以成為地標。

養生者修此爻的能量，要把自己的成就變成標竿，變為標準。鼎卦教人要訂立標準，依此我們可以評分我們的文明成就。標準就是「SOP」（Standard Operation Procedures）標準作業流程，從煮一鍋飯到建造一個太空站，都有它的 SOP，文明就建立在這個標準上。

鼎玉鉉 我用美玉做鉉，文明創作不再限於實用性，而是無價的
藝術性。

　　金不易斷，玉易碎。用易碎的玉來做鼎的鉉並不實用，但是
不實用又何妨？這個世界很多不實用的東西更為珍貴，放在故宮
供人欣賞。

　　創新的價值也是玉鉉，書法就是。一開始，書法是用來寫字
表達心意、述說事情，但發展到了宋朝，成為士大夫練心修養
的工具，一筆一畫，都成了心性與藝術高度的評分。寫字為了讓
人看得懂，是實用的世界；寫字為了讓人欣賞讚美，是藝術的世
界。

養生者修此爻，要努力把唯物的生活變成唯心，這是進化的方
向。如何把心的高度推高，從物質進到精神的層次，是每個養生
者必要的功課。

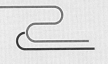

震為雷。 共鳴之心，波韻的養生

養生需要的共鳴之心，感受我們的心在波韻中的共振，我們發出生命的波韻，也接收萬物傳來的波韻，不同的情緒在心中來回的震動都會產生波韻向四周傳播。這個世界充滿無法平息的波韻，充滿反彈與共鳴的波韻，在震動中的生命，感受著彼此熱情的反射。波動是這個世界最常見的運動，水波、聲波、光波、力波、震波都是波。如果來回的擺動也可以算波，那麼可以循環重複的現象都是波。四季是波，股票的趨勢圖是波，量子世界的粒子是波，天體是波，人生是波，智慧也是波。廣義的波可以畫出任何的形狀，所以藝術也是波。

波也有維度的差別，二維的波很好畫，三維的波就像地圖，四維的波就超出我們的想像，只能用數學的公式表達。波包含變動與循環兩種性質的運動，或上或下，或快或慢，或正或負，用水波來代表它最容易了解。波與波可以加成或抵消，與波的正負向與位相有關。同相的波可以加成，反相的波則相抵消。聲音的世界也是波的世界，不同的聲音可以相和、相共鳴，也可以相干擾、相吵雜。情感的世界也是波，高興加高興是更高興，是心的共鳴；高興加悲傷就相矛盾，是心的震盪，像洗三溫暖。用波的觀念來養生，非常方便，我稱之用「氣韻」。

🌸 卦象說養生

萬物皆韻，養生者不可不知。書法、太極拳、唱歌、跳舞、談情說愛、烹飪、投資、是非、動靜、生死……皆有韻。急性子的人有急性

的韻，穩重的人有穩重的韻，成功的人有成功的韻，失敗的人有失敗的韻。健康或生病，富有或貧窮，順利或困逆，樂觀或悲觀，正氣或邪惡，滿足或怨悔，也都有各別的韻。

用韻可以改變我們的心境，用對的韻可以做對的事，反之則諸多不順。養生者需要學習各種正向的韻，也要修正各種負向韻，把氣韻修好，養生自然容易。

 震來虩虩，後笑言啞啞　先驚恐、後歡喜，心情與人生充滿這類的波動。

「虩」是壁虎的聲音，初聽時很嚇人，但理解後又覺得不那麼可怕，所以產生害怕心情後的反彈，自己覺得好笑，叫「笑言啞啞」。《易經》說：「凡是可以用波的來回反彈來理解的，都是震卦的能量。」用震波來理解人的情感，就不會誤解愛人之間吵吵鬧鬧、又說說笑笑的現象。對波更進化的理解就是抓到波的韻，了解愛人間情感的韻，就能把握彼此情感起伏的節奏，更能產生諧和或共鳴的美妙關係。

養生者如果還不知道用韻，或還不能感受氣韻，那麼今天讀到震卦，就是一生最大的收穫。趕快學，用心觀察，一定會出現的。Pong chia, Pong chia, Pong chia ……像華爾滋，像探戈，像一切的節拍。

 震來厲，億喪貝　波動彼此可以加成或抵消，萬物用波動共振存亡。

反相的波會相抵，會很快的由存變亡。不能共鳴的波會打架，以牙還牙，讓人類陷入無邊的鬥爭。

不懂氣韻的養生，往往把生活搞得焦頭爛額。要學共鳴的技巧，人緣自然會好，順著對方的氣韻說話，對方想聽話的情趣就高。

 震蘇蘇，震行無眚 我用細微綿長的震動穿透阻塞，我製造細緻和諧的人生。

「震蘇蘇」是什麼蘇，我也不確定，很酥（蘇）麻嗎？還是讓人甦（蘇）醒？還是像流蘇一樣，很柔軟、下垂的鬆弛模樣。我把它解為：細微綿長的一種震，讓人不再驚恐害怕，而是熟悉與接受。用韻的結果，就會震蘇蘇，開始或許會格格不入，久了習慣了就接受了，甚至享受起來。

養生者修此爻，當知震與韻的影響力無遠弗屆，要有共生、共鳴的準備。我們身上的韻可以是學來的、受人感染來的，我們的韻也同樣會感染別人、影響別人。在波的世界，沒有人可以自閉自封，只能快速的彼此感染。

 震遂泥 我把沙石和水震成泥，我用無數的動得到最後平衡的靜。

很久的震，會把石頭震成砂，再震成泥，然後達到平衡的不變。由動到靜的過程叫「震遂泥」。人與人的相處，從格格不入到水乳交融，就是震遂泥。所以有時看不到波，不是波不見了，是我們的覺知與波同步了，彼此化同了，平衡了。

天人合一是人與神的化同，心心相印是彼此的心意化同，琴瑟合鳴是美麗的韻彼此化同。化同的波不是不再波動，而是同步的又靜又動。

養生者修此爻，當有化同萬物的胸懷，當學化同兩心的技巧，在生活中加入和諧與共振。

 震往來厲，億無喪　　往來共振，讓震動長久不衰。我用正相回饋，維持長久的情誼。

　　有來有往的波，才是震，是雙向的、反彈的、公平的、對稱的。同相的波互相幫助加成，所以可以經過一億次的來回不衰退。在電腦程式中，叫它作「無限迴圈」；在腦神經細胞中，叫它作「永久記憶」。記憶在人腦是珍貴的，失智的人最早的症狀，就是失去一部分的記憶。「震往來」與「億無喪」的機制，產生我們的記憶，像程式運算中的無限迴圈，可以把記憶保存很久。遺傳基因 DNA 是雙股的，兩股 DNA 間的彼此複製，也是廣義的震往來，像一粒光子在兩面平行鏡面間來回反射，可以永久不停止。

養生者要防止早年失智，就要修「震往來」。對那些重要的記憶，那些得意的氣韻，做各種的練習，不讓美好的韻因為自己疏懶而消退。年輕的韻，感恩的韻，美麗的韻，簡單的韻，幫助的韻，滿足的韻，都應該時時練習。

震索索，視矍矍 我用震動驚嚇人，別人也如法炮製報復我。

「索索」是抖動的震，是身心的驚嚇，活在顫慄中的生活。

壞的震對身心的傷害是巨大的，我們不能修震變成極端，用震來讓人害怕，否則別人也會用震來回報，變成地獄般的世界。韻是美妙的，不是顫抖，不是驚嚇。

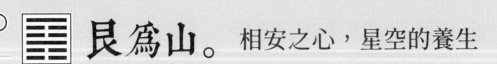

艮爲山。 相安之心，星空的養生

養生需要的相安之心，像星空中的眾星，用安靜培養厚實，老死不相往來，彼此絕緣，象徵防疫隔離的狀態，各安其位，無為而治，畫下彼此的界線，沒有交集的關係，沒有共鳴的世界，安靜活在自己的界限之內。

與震卦的世界大不同，艮卦的世界是安靜的，不相關的，絕緣的，頂多像星星與我們的關係，大家遠遠遙望，各安性命，老死不相往來。震卦是共鳴的，相應和的，熱情的，艮卦則是孤獨的、陌生的、相隔離的。

卦象說養生

艮卦的養生就像星空中的星星，大家共有一個夜空，但彼此相離很遠，不會相撞，不會互訪，也不互通訊息。又像圖書館中的每一本書，各自成冊，放一百年也是一樣，各自孤單老舊，不欺不擾。艮卦描述了另一種共生。大家活在共同的地球或相同的城市，各活各的，但彼此尊重，給予對方最大的自由，都享有最大的自主。彼此獨立自主也可以共生的，不一定要有歸屬或高低的關係。尊重彼此的獨立自主，就是艮卦。

爻辭 1 艮其趾 用腳趾作腳的剎車，走路時可以幫忙走得更安全。

動靜變化是一生最頻繁的作為，如果雷卦是由靜變動，山卦就是由動變靜。雖然趾是很小的器官，力氣也不大，但決定腳步的動靜，卻有關鍵的作用。要讓身體由動變靜，需要腳趾的剎

車。所以，「趾」字中有「止」，是有意義的。只要腳趾不動，就沒有移動腳步的可能，所以，「艮其趾」是把腳步停下來。

養生者修「艮其趾」時，心中或許沒什麼強烈的感受，因為太平常了。可是《易經》說：「不要看輕艮其趾，如果沒了腳趾，我們走路一定變得很笨拙。」我們身上像艮其趾類似作用的器官很多，像眼睛的動眼肌，將視界定格在想聚焦的物體上，是艮其趾的作用。咬合肌也是，在咬到舌頭的剎那，我們會停住咬合，所以一輩子吃那麼多食物，也沒幾次咬破舌頭。像剎車一樣幫我們停的肌肉是養生的必要，讓我們避開了好多危險，減少了好多傷害。艮其趾，就是維持安全進退的日常。

 艮其腓　小腿的彈跳更能避開路障，讓停止更即時。

腓是小腿肉，作用是把腳板壓下，讓人可以停得更有力、更快速。「艮其腓」比「艮其趾」更高規格，它所限制或使用的肌肉更大，是為了更緊急的停車。如果艮其趾是走走停停的步法，艮其腓就是往後彈高的停。我們的身體為了停車，還設計了小剎車與大剎車，好像預見一生，就是偶爾會有這種大停、急停的需求。肌肉骨骼的構造都是如此設計，動作相拮抗的兩群肌肉，一定要有對等的力量，如此才能達成動靜平衡的靈活性。由動變靜是珍貴的，是保命、精準、對等、分等級的，也是要一生修練的。

養生者修「艮其腓」，就是要訓練大的剎車系統，以備不時之需，是避開凶禍、救命用的，往後彈跳用的。

 艮其限，列其夤，薰其心　我在利害各半的界限剎車停止，違抗巨大的慣性，痛苦有如車裂我的腰，用煙薰我的心。

這個「限」字有個「艮」，是限制與界限。人性是貪心的，所以要限制自己的高度與富足很辛苦。我們習慣期待更多，所以無法很早畫出自己的極限。無法停車有時不是沒有剎車，是心裡不想停，想要跑更遠、更快。

養生者修「艮其限」，當學活在自己的本分，不要不服氣，不承認別人給我們的本分，活在本分之內，這個世界會更美好。

 艮其身　我用前身與人相對，這種面對面的狀態，人與人要連招呼都不打是很難的。

「艮其背」比較容易，眼不見為淨，彼此看不見，就不會有打招呼的需求。對天生熱情洋溢的人，要「艮其身」恐怕比登天還難。

養生者要修「艮其身」，就要練習身心的分離，譬如喝了酒想開車，但怕危險或臨檢，所以選擇搭計程車離開。想和某人一夜情，但想到道德的約束，就硬把念頭斷了。心常常幻想非分的事，但身體不跟隨，就是「艮其身」。艮其身的人，會潔身自愛，有所不為，有所不言，有所不傳，有所不理，有所不吃，有所不拿，有所

不觀，有所不答，有所不問，有所不謀，有所不居，有所不離。用許多的「不」把自己保護起來，遠離是非與危險。

 艮其輔　我用嘴邊肌肉控制說話節奏與面部表情，我用心學習說與不說話的時機。

　　說話是一生最重要的溝通技巧，但練了一輩子的技巧，也可以停止不用，我用不說話，不動聲色，安安靜靜的，讓人無法操弄我的心意，如此可以管理一個國家。

養生者修「艮其輔」，除了不動聲色，不表心意，還有無為而治的意思。艮卦是反對熱情溝通的，而在法治的理想中，熱情連結的君臣關係不一定更美好正確，冷冷的主從關係，一切以法規行事，沒有人情邪曲的干擾，或許才是更高的管理學。

 敦艮　安靜幫助厚實，厚實幫助安靜。

　　《易經》在爻辭出現「敦」字的，還有復卦的「敦復」，臨卦的「敦臨」。復卦與臨卦都是動能十足的卦，累積了動能成為敦厚的實力，這是可以理解的。但在艮卦，安靜的能量居然也能累積敦厚，實在讓人意外。原來安靜和動能一樣，都是慣性的一種，慣性變大了就是敦厚。

養生修「敦艮」的人，話、情緒、意見都不多，安分活在自己的本分內。你罵他，他不記仇；你讚美他，他也不感謝。有點冷漠，孤癖，但不會背後說你壞話，也不設計你，不阻擋你，總是

給每個人公平的對待。問他事情，總是簡單的回答，答案精確精準，好像已經放在他心中一萬年了。他只談公事，少談私事，因為定位精準，像衛星定位儀，所以再冗長的討論，也不會迷失方向。記憶力絕佳，很少迷糊，問他怎樣做到的，他總是說：「用最安靜的方法記住。」是的，因為安靜所以沒有雜音。問他這一生有過什麼激情的事，他會回說：「練習讓自己安靜，讓大家安心。」安靜會感染人，一個人的安靜，像一座山，讓仰望它的人們都安靜起來。安靜會啟發靈感的世界，當心找到片刻的安靜，會有微妙的聲音想法來訪，往往也是美妙靈感開始歌唱的時候。如果說震卦教我們覺察豐富的氣韻，那麼艮卦就教我們：用安靜創造更豐富的氣韻。

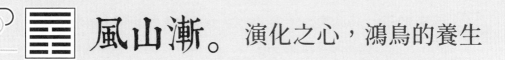

風山漸。 演化之心，鴻鳥的養生

養生需要的演化之心，像鴻鳥從海洋登陸的演化過程，循序漸進，按步就班的前進，慢慢的演化，安定為了冒險，冒險為了安定，萬物都在時間長河中轉化、蛻變、成長、說故事。

生命的起源若從一顆細胞的生物開始說，經過億萬年的演化，演化出多細胞生物。多樣的多細胞生物開始登陸，先植物，然後動物，一種樹變成千種樹，一種花變成千種花，一種猴變成百種，最後人類出現，這一百萬年來，還是一種人，以後或許會有百種人類出現也說不定。這個物種演化的故事就是漸卦，一代一代的轉化，一次一次的演進，然後變成今天的樣貌。所以萬物的生養都是漸，都是從祖先的原形轉化而成，不斷努力存活下來，然後往某種未知的方向發展，向最優秀的後代演進而去。

✿ 卦象說養生

養生要養心，養心也有漸卦的本質，每個想法都有原思或初心的原形，然後慢慢演化，發展出各種奇怪的豐富的今形，不停的往未來的新形而去。小說故事的演化也是養漸，文明的演化也是，都會不停的轉化，每天變一點，不知不覺中就產生了全新的文明。漸是一種變與養的過程，也是一種思考的哲理。它是漸進的，是一步一步的，是有跡可尋的，是可以前後對比的。

鴻漸於干　鴻鳥的登陸演化之初，棲息離岸邊尚遠的水上木杆（干）上，生存環境條件很差。

生物演化的趨力是深奧的，為了生存、傳宗接代、逃避天敵、遠離苦難，都可以理解。有時為了逃避死亡，我們會選擇好死不如歹活。很多生物活在極端環境下，就是為了避開死亡的威脅。而那些不願挑戰困難環境的，只能留在原地在激烈競爭中苟活。

一根木杆和一個大陸的連結很微妙，可以在一根木杆上活一天，是往後可以在陸上活一輩子的縮影。所以干是陸的原形，陸是干的未來形。

養生者修「漸於干」，當選最微細的地方作改變的試驗，不讓改變一次變太多，是一種慢與溫柔的功夫，也能表現出敬慎細心的感動力。《易經》說：「這種溫柔仔細的漸，是女人最安心嫁他的特質（女歸吉）。」

 鴻漸於磐　更靠近陸地處找到更大的石頭可供棲息，也找到更多的食物。

從干到磐是漸，因為還在水中間，離大陸還遠。不同的是磐的面積更大，環境更佳，更安全，正是養生的方向。

養生修「漸於磐」，就是保留水的生活，又增加陸的冒險，是兼有水陸的好處，這是養生的基本功，在既有的生活中增加它的品質與美好，用漸進的步伐，負擔不大，風險不高，日有所進。循

序漸進的做事比較容易成功，因為這是一種仔細與尊重，一種溫柔與體貼。

鴻漸於陸，夫征不復，婦孕不育　登陸來到大陸的邊緣，過去的不再被留戀。男人出征的，不再回家；女人孕子的，不再養育。

在漸的世界愈久，漸的累積會變成無法回頭的跳躍。凡事超過了臨界點，就不再有回頭路，演化也是，進化的器官換走退化的器官，從水中的生活進到陸地，就退不回去了。

養生者修「漸於陸」，既高興又不捨。來到人生的臨界點，開始要作重大的抉擇，當知漸卦自身的轉化，也包括這種可逆與不可逆的轉化。人生就先是可進可退的中間帶，然後變成可進不可退的上岸，需要越過可逆與後悔的最後機會，勇敢踏上征途，果決登陸。

鴻漸於木　在陸地上已有登陸成功的樹木，我棲息在樹木上的高桷地，在共生群中我加速了演化。

單一物種的演化是緩慢的，集體演化會加速成功的機會。利用群體相輔相成的利基，還有共生群中分工合作，只要成員有一種成功的演化，大家都可以利用，自然容易成功。

養生者修「漸於木」，是一個大智慧。成功不一定處處自己努力，分工合作更有效率。有性生殖是一種進階演化，把基因不同

源的兩家人聯姻結合，一下子就混合了兩大系的演化成果，等同接收了對方幾千年的演化成績。所以《易經》說：「漸卦是『女歸吉』。」兩性結合，骨子裡就是加速演化的手段。用結合異姓、友類、共生體，來增加漸的成功。

鴻漸於陵　演化得到一個安定的高處，但安定是暫時的，是為了準備下一次的冒險。

陵，是陸地的高處，遠離海邊的地方，隱喻演化來到了更高的位階，不再是當年可憐的登陸者，而是成功的霸主。

養生者修「漸於陵」，要有占住高點的企圖心，不要只在岸邊苟活。演化者要居高思危，常思精益求精。

鴻漸於陸，其羽可用為儀　登陸演化成功，後代安居繁衍遍布整個大陸，美麗的羽毛顯現高貴的風儀。

《易經》的第六爻常會反轉，可是漸卦沒有，反而在第六爻達成最高的成功。我很喜歡漸卦，安定是山，冒險是風，山上有風，就是漸卦。我常說它是「用冒險尋找安定，用安定等待冒險。」的卦。我們都在時間的長河中流浪，只是靜靜的流多麼無聊，所以需要演化。演化是把生命畫上美麗的風景，把生命寫下美麗的故事。因為演化，所以結合成功，因為結合，演化加速。

養生要不斷的為演化，讓生活多元而強韌。養生要結合，結合創造演化，人生因此美不勝收。

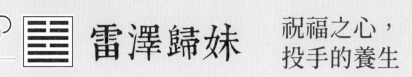

雷澤歸妹

祝福之心，投手的養生

養生需要的祝福之心，像投手在丟球，總是用盡全身的力氣幫球加速，然後放手讓球飛向捕手，象徵用割捨前進，在減法中加速的生活。嫁妹妹也是，丟開過去、前進未來，大聲說出心中的祝福，將美好遠遠散播出去。

這個世界充滿了歸妹。說出讚美是澤卦，感動對方是雷卦，雷上澤下就是歸妹。投手把球放開是澤，讓它直射捕手的手套是雷，也是歸妹。火箭把推進器放掉是澤，然後太空船繼續前進是雷，也是歸妹。我把體重減輕是澤，結果跑得更快是雷，也是歸妹。我把妹妹嫁出去了是澤，結果她帶回一族的親友是雷，正是歸妹。

❀ 卦象說養生

養生離不開分與合。歸妹是用割捨與分開來前進，是女方家屬的婚姻觀；漸卦是用溫柔安定來結合，是男方的聯姻觀。漸卦是先減速後結合。歸妹卦是先分開後加速。兩卦對稱，就是慢而合，分而快的兩種能量。

在聯姻這件事上，漸卦教人要守禮與溫柔，歸妹卦教人要果決與勇敢。養生者修聯姻或相愛，這慢合分快的功夫一定用得上。慢則易合，分則易進，優游於快慢分合的人生妙境，莫勝於此了。

歸妹以娣　妹妹不會做家事，就陪嫁幾個下女來替她做家事，我用割捨來接近圓滿。

因為愛惜妹妹，所以替她準備了很豐盛的嫁妝，作為祝福。為了讓妹妹嫁後被疼愛，還送了下女陪嫁，增加了圓滿的想法。割捨居然還創造圓滿，就出現在歸妹的情節中。父母把最好的留給小孩，割捨了自己，成全了小孩，就是父母的歸妹。

養生者修「歸妹」，首先就要練習捨得。歸妹之中，強者的角色不再是征伐或掠奪，而是割捨與成全，這種割強益弱的心情，凝結著愛與報答，是歸妹卦的特色。

 眇能視　瞎了一眼，另外一眼還可以看到美麗的世界，生命因有殘缺而更珍惜僅存的圓滿。

圓滿有兩種，一種是不知所缺的圓滿，像自滿；一種是知所缺的圓滿，在有缺的前提之下練出新的圓滿觀，往往更珍惜、更善用、更有驚人的美感。用殘缺來強化自我，用割捨來圓滿人生。

養生者需要在殘缺中看見圓滿，不是無知於自己的殘缺，而是更珍惜僅存的圓滿。遇到苦難，少去埋怨苦難，更經常讚美身邊的幸福。

歸妹以須 我送了很多男丁長工當妹妹的嫁妝,以勢凌人。(須是鬍鬚。)

我們常在割捨中交換條件,把祝福變成威脅,結果圓滿不見了,不滿與戒心出現了。生活中遇到「歸妹以須」時,男方迎來的不是一個新娘,而是一個欽差大臣,心情一定有所不滿。

養生者當戒「歸妹以須」,割捨之時,祝福之行,不可暗藏威脅,預留破局,仗勢凌人。

歸妹愆期 因為小心篩選,妹妹錯過許多姻緣,但是寧缺勿濫,小心作重要的割捨,也比一生不幸福好。

一廂情願的割捨,不一定保證換回圓滿幸福,不慎選結婚的對象,嫁妝再多也不會有好的下場。歸妹有割捨的能量,割捨本身也有反轉的能力。把想嫁人的心意作暫時的割捨,就是「歸妹愆期」。

養生者修「歸妹愆期」,當冷靜行動,寧願不嫁,也不可犧牲妹妹一生的幸福。

帝乙歸妹 國王把妹妹嫁給諸侯,用婚姻來穩固諸侯的忠誠。

如果我是國王,我會希望我有一百個妹妹,可以讓我用歸妹來鞏固我的王國。如果我是一個大師,我會希望我有一百個得意弟子,像我的一百個女婿,學到我的絕學,傳承我的衣鉢。歸妹的最

大風景,用聯姻、用教學、用貿易,把自己的王國往四海擴張。

養生者要執行「帝乙歸妹」,把有形、無形的妹妹,無私的、慷慨的,遠遠的送出去。播善種是歸妹,日後桃李滿天下是歸妹的成果。一個森林,是一棵樹歸妹的結果;一個學說,是一個想法歸妹的結果。漸卦講演化,歸妹講散播,兩卦相綜相錯,如詩如畫。

 女承筐無實,士刲羊無血 我用割捨前進,恣意浪費,不久就山窮水盡了。

在散播的世界,花朵散播了花粉,細菌散播了孢子,主教散播了宗教信仰,老師散播了學問,畫家散播了美感,作家散播了智慧,創投者散播了投資,老祖宗散播了後代,聖君散播了盛世文明。

養生者修散播的歸妹是要花力氣的,有時一生只有少少幾次散播的機會。若不能慎選散播的方式、環境、對象,要圓滿成功的機會很低。所以散播的智慧要慎選而動(先澤後雷),投資在精準的對象,節約而動,自然能成一家之言,開宗創派,一生桃李滿天下。

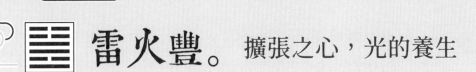

雷火豐。 擴張之心，光的養生

養生需要的擴張之心，像一束光，在光明中用光速前進，永不止息，像火的蔓延炎燒，可以翻山越嶺，人們喜歡把形象名聲變更大，自信的人喜歡自我膨脹，人性喜歡廣宣自己、盲目別人。

歸妹卦 110100 是割捨中的前進，是散播自己的所愛。而豐卦 101100 是光明的前進，是擴張自己的形象。有一點類似，都有雷的前進。有一點不同，歸妹用澤的選擇與割捨，豐卦用火的光明與圓滿。

豐字，有豐富、豐足、豐收、豐年、豐滿。但是周公在爻辭中對豐卦的讚美不多，反而有諸多警語。豐是把事物變大、變亮，把自己從明夷帶出來，走進眾人皆知的世界。如果每個人都用豐，這個世界會讓人睜不開眼，近乎盲目。光線讓人看得見，太強的光卻讓人盲目。

豐也可以用來攻擊別人，因為豐中有火、有雷，用我們的信以為真來攻擊別人的不相信。宗教的戰爭就是，專制與民主的戰爭也是，自由與奴役也是。所以豐是不平靜的卦，是讓人受到盲目或燒燙的卦。

🌸 卦象說養生

養生者修豐卦，當注意擴張自我的得失。變大家族時，不要讓家人的親情變淡；傳播科技時，不要破壞環保；擴張生意時，不要賠上生活或健康。有時候，擴張是把心中的智慧與信心擴大，而非只求虛名與權位的放大。也不要只會羨慕別人顯赫的名聲，而盲目於其背後惡的本質。學習溫柔的光，讓人看見美好，不要學強烈的光，讓人盲於滿天的星斗。

遇其配主，雖旬無災　用智慧導引行動，得到匹配的主人，擴張了十倍的範圍，也不會犯錯。

「配主」是和自己匹配的主人，一定是君臣相見歡。所以，擴張的條件是找到相匹配的夥伴，譬如知識找到勇氣，高明找到積極。

養生者修「配主」，當知人生難得有知己，有配主更難得。找到一個知心人，一個幫手，等同找到一個通達四海的順境。一個知心人比一個世界更可愛，一個幫手比一個天空更方便，因為彼此心意相通，得到了十倍的擴張。

 豐其蔀，日中見斗　日蝕的正午，我看見北斗星高掛天空。

豐是陽光的擴張，帶來的美麗的白晝，卻遮蔽了夜空。遮蔽了陽光，就還原了夜空。豐就是蔀，蔀就是豐，這和「色即是空，空即是色」的結構多麼像啊！

看不見讓人看得見，看得見讓人看不見，知道的讓人不知道，不知道的讓人知道，這是「日中見斗」的養生智慧。那些讓我們受苦的，將在未來讓我們歡喜，那些讓我們歡喜的，將在未來讓我們受苦，不就是愛情的常態嗎？不就是修道的結局？

對此，老莊哲學上也多有雷同的述說。「為道日損，損之又損，乃至於無」：用減損的方法尋找簡單而豐富的精神世界。「至人無己，神人無功，聖人無名」：用逍遙的心穿透貪大、貪多的欲望，用小找到大，用大找到小，用沒用找到有用，用無形找到四海皆通的形名。

養生者修「豐其蔀」的轉換，不要只貪大喜功，追求名望，而是不拒幽暗，點亮心燈，不悶斗室，胸羅河漢。

豐其沛，日中見沫　旗海遮蔽了天空，讓我看到天邊的小星。

沛是豐沛的旗海，比喻世人熟知的知識世界，把沛丟開，才能看到沫，沫是像泡沫似的天邊的小星，代表被遺忘的真理。在我們心中藏有豐富的知識之海，正是我們一生最珍貴的學問經驗。《易經》說：「不要太得意，因為那豐沛知識經驗，也遮蔽了幽微的如沫的真理。」

養生者修「豐其沛」，偶爾也要讓自己清醒片刻，不要一生夜郎自大、催眠自己，當知格局太大，細節就喪失，極目望遠，身邊就無法兼顧。心的毛病，就是豐其沛，日中見沫。一生求豐沛的本質，也讓自己養成看不到微沫的習慣。

遇其夷主　遇見原始，才懂欣賞文明，找到不相配的對象，才看到自己的扭曲變形。

夷主不同配主，夷是夷蠻，是不相配的，原始的。在豐卦101100，雷的陽爻占在第四爻位，這是豫卦000100的爻位，代表不能預期的變動，比喻豐的行動來到夷蠻之境，看到蠻夷的知足、順天的原貌，心中領悟，文明雖高，也不應遠離初心。

「遇其夷主」告訴我們，養生要養人性的初心，矯正文明的扭曲，很多文明生活的內容可以改變，甚至可以刪除。

來章，有慶譽，吉 章是美玉，來章是很多的美玉集合在我的身邊，有了慶祝與佳譽。一塊美玉是火的美麗，一堆美玉是豐的美麗，因為有了擴張的行動。

豐的行動很多元，遇配主，日中見斗，日中見沬；遇夷主，來章，都是豐的行動：把孤獨變成相配，把過亮變成明暗適中，把已知變成虛心，把扭曲的文明變成原始的初心，把單一變成多元群聚。

養生者修豐卦，要小心不要走火入魔。豐卦修得好，「來章，有慶譽」；修不好，就是下爻的「豐其屋，蔀其家」。

 豐其屋，蔀其家 我把房屋蓋得更高大，卻把家的天倫歡樂遮蔽了。

屋是家的外殼，家是屋的內涵價值。

錢賺飽了，生活卻變窮；公司變大，獲利卻變小；名聲變高，良知卻丟光。外表光鮮了，內涵卻弄髒了；學問作大了，智慧卻變低；享受變大了，滿足卻變小。「豐其屋，蔀其家」的錯誤，常常發生在我們的身邊。變大變小的優劣，有時和我們認知的相反，不可不慎。

火山旅。聚焦之心，時空的養生

養生需要的聚焦之心，用它來捕捉時空中的美麗，時空是養生的畫布，心用靜觀美，用慢發現美麗，用安定的心瀏覽人生的細流，用聚焦的心在時空中旅行，把心停在美麗的身上，安住在真理之下，在走馬看花中找到心的依歸。

旅卦與豐卦相綜，豐卦講生命的擴張，像光線，不斷用光速向外擴張。旅卦講生命在時空中旅行，心在美麗的風景中旅行，在知識與感動中旅行。豐卦描寫了光與火的本質，旅卦則講生命尋找光與火的歷程。豐卦講心用光明與美麗的想法前進，旅卦講心在光明中安住，在美麗的風景中停下。

旅的結構是上火下山001101，和漸卦的上風下山001011相差一個外卦的風。漸卦是用慢來與人結合並演化，旅卦則是用慢來發現美麗，兩卦相差一點點。演化留下聯姻結合的紀錄，旅行則留下風景的照片回憶。《易經》的卦象存在這種可以彼此類比的相關，讀熟了，趣味無窮。

有人問我，旅行是動，要搭飛機、火車去很遠的地方，怎麼會用一個慢與靜的山卦作內卦？當初我也有一樣的問題，經過幾十年的修習，我才悟道，身體的旅行要移動，心的旅行不用。相對的，心要用專心聚焦來發現美麗的事物，所以還是用山的靜，來發現火的美麗。身體的移動最後還是為了滿足心的旅行，心用靜去收納美麗的感動。所以，心的旅行用靜讓世界動。

🌸 卦象說養生

　　養生者修旅卦，當修心的旅行，就是聚焦與專心的能力。有多專心，世界就有多豐富。不能專心是養生的大病，一定要即早治好。心不專，看不到風景的美麗精華，所以身體愈動，心要愈靜。專心可以調節焦距，觀大觀小，觀快觀慢，是有節韻的。專心與時空的關係很微妙，專心之初，似乎把時空縮小，但專心之後，時空卻變大了，專心在剎那，時間接近永恆，專心在微細，空間接近無限大。養生要養專心，這是在時空中旅行的基本功。

 旅瑣瑣　我用大量的移動來旅行，走馬看花，讓我一生看不清楚一朵花的美麗。

　　身體的旅行用動，心的旅行用靜，只用身體移動來旅行，心的安靜沒有跟上來，旅行的內容就少了感動與深刻的意義，這是「旅瑣瑣」。

　　廣義的旅行不用動身體，只要打開一本書，打開電視機，心的旅行就開始。專心，是心旅的必要條件，就像聚焦是看清事物的法門。

 旅即次　我用旅行尋找家的意義。

　　「即次」就是安住的地方，像家一樣的地方。旅行會去遠方，但總要有安住的地方。比走馬看花好一點，就是選一個地點，深度走訪該地，多幾天也可以。反過來說，一旦我們把家定下來，不管是哪裡，我們也開始了一段「旅即次」。

養生者修「旅即次」，就是用家的感覺來探索一條街、一個城市、一段人生。再延伸下去，朋友相約喝杯咖啡，相談交心，作知性的旅行，也是一段旅即次。所以住一輩子的家，住一週的旅舍，喝一杯咖啡的店，都是用片刻的安住，深化人生之旅。

 旅焚其次 有人為了旅行把舊家燒了，棄舊迎新的心，把人生變成一場漂泊。

用不專心把安住的心燒掉。專心、不專心，心一直徘徊在兩者之間。旅卦中的山卦 001 是停止，本身也有自我反轉的能力，停止的停止就是繼續，負負得正的意思。專心久了，就不是原來的專心。

專心這個題目很深奧，專心有焦點大小的問題，專心的焦點太小時，對原來較大的焦點而言，也是一種不專心。換句話說，專心的初態、中態、末態都不一樣。《易經》說：「專心把心焚燒起來，最後也把專心燒光了，就是『旅焚其次』。」

養生者遇到「旅焚其次」也不用沮喪，不專心也有它的好處，譬如不會太入迷、太焦慮、太頑固。在愛情的關係中，喜新厭舊是人性，我建議大方的接受它。專心的緣分盡了，就結束。記住！人性是不專心的，不要錯誤期待，不要過分的承諾，也不要無謂的掙扎。

 旅於處 我在旅行中移動或休息，專心或不專心，長住或短處，動靜循環間，求遠求近間，我執行了生命旅行的意義。

旅是心的移動，處是心的安靜；旅是心的求遠，處是心的求專；旅是身的行遠，處是身的聚近。

養生可用「旅於處」的循環。北極燕鷗終年在南北極間飛遠與棲息，極端勞苦，其實它們在執行生命的旅於處。先用長征、飛遠，篩選出最強者，然後棲息，替最強者繁衍美麗的後代。用旅尋找美麗，用處繁衍美麗，人生在或旅、或處中如詩如畫。

射雉一矢亡，終以譽命　我一次專心一個目標，我沒有辦法一次射中很多目標，我用有限的專心把命運變美。

　　旅卦用安靜、專心來發現美麗，很像我們用望遠鏡來發現遠方的目標。目標愈遠，能看的範圍就愈小，看遠與視野變小成了因果關係。《易經》說：「專心像神射手在瞄準目標，一次射出一支箭，一次專心一個目標。」專心的代價是不能分心，不能擁有多雉，只能把握一雉，如此可以把命變美。

養生應學習把握唯一，每次的唯一都換來至善至美，累積起來，就是一生的至善至美。

鳥焚其巢，喪牛於易，凶　愛旅行的鳥把舊巢焚燒了，終於招來無家可歸的悲哀。溫馴的牛因為主人分心而走失了，分心把人生變困難了。

　　有人做了很多不同的生意，每件都成功非凡，因為他把握了射雉一矢亡，一次專心一件事，累積很多次的專心，很多的生意

都有互補相關，有串連的專業，所以成功。相反的，有人嘗試很多工作但都失敗，因為他「鳥焚其巢」。「譽命者」用把握唯一累積多元，「焚巢者」用貪求多元焚燒唯一，順序弄錯了，成敗易位。

我看過很多失敗的焚巢者，總是走馬看花、貪心、喜新厭舊，總是在專心之前逃遁，結果一生漂泊流浪，一事無成。養生者應該戒慎，不要只用移動來旅行，更要用安靜專心來行旅，開創美麗的人生。

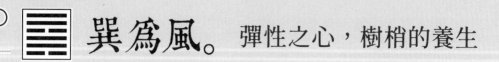

巽爲風。 彈性之心，樹梢的養生

養生需要的彈性之心，如風中的樹梢，在生活的風中左右搖晃，代表如沐春風的養生。象徵在亂數般的命運中逆來順受，不易折斷，在沉默中延展可變的長度，容忍各種挑戰。心用想像增益自己的彈性，用無言的聆聽擴大容量。像太極拳的高手，展現鬆柔的極限。像禪宗的大師，展現無名、無形、無對錯的禪意。

巽卦 011011 是重複的風，風無形無質，輕而不定，柔而不斷，聽而不言，觀而不爭，受而不拒，合而不分，升而不沉，忍而不怨。風中的風，是用寬容對雜亂，用彈性對變動，用模糊來放鬆，用開放來想像，用沉默達到升華。命運的本質就像一條鞭子，手柄左右搖，鞭身就用更大的幅度搖，接著鞭尾再用更大的幅度搖，一直擴大中的搖擺，就是命運，有點像蝴蝶效應。

一個想法不知從何而來，接著第二個想法又不知如何跟隨而出，接著第三第四，完全無法預測，像一朵雲的變化，就是我們的想像世界。八卦故事也是，經過眾多的嘴巴傳遞，再傳回來的內容就扭曲變形了。無法預測，扭曲與變形是巽卦的本質，不斷擴散的亂度也是。這個世界需要亂度，否則一切都在規矩預測之中，會死氣沉沉。

⚘ 卦象說養生

養生者修巽卦，當學風中的樹梢，逍遙而富彈性，不要遇到壓力就折斷，要如柳條擺尾，優雅而富韻尾。對於命運中的亂數，要有容忍

心、幽默感，把心中裝滿美好的想像，童話般的故事，浪漫的詩篇。把髒亂的憂思愁腸統統裝進人生的垃圾袋，維持心境整潔簡單。用風的腳步跳舞，沒有一定的規矩，卻有如煙的輕飄。當有形的道理來挑戰我們，就用無形的韻尾化解；當少林陽剛的拳法打來，就用武當太極陰柔的巧勁化去。

 進退，利武人之貞 我用柔進剛退來練習靈活的武術。

　　風卦的結構 011 是天卦 111 少了一個 1 ，多了一個 0。風就是這種德性，少了一雙腳，卻多了一雙翅膀。風又是最柔軟之物，最容易變形，這和武術中的柔軟度與彈性類比。

養生者修巽，要學身子的柔軟，心情的放鬆，被動的進退，像太極拳的聽勁，像一陣風讓人無法擊實與捕捉。

 巽在床下，用史巫紛若 床下空間閒置，所以堆滿塵埃雜物；心中充滿想像，所以裝滿了奇怪的故事。

　　床下的形就是 011，上實下空也。下空，所以藏污納垢；不受注意，所以雜物堆積。我們的牙縫，地下室的倉庫，荒郊的下水道，容易堆積雜物髒物的地方，都是「巽在床下」。髒亂是巽不好的本質，巽還有許多好的本質，譬如它被忽視而不埋怨，它吸

納了垃圾而維持了別處的光鮮亮麗。它是開放的，所以有說不完的故事，做不完的夢想。

養生者修「巽在床下」與「紛若」，要替生活準備一個大倉庫或大垃圾筒，隨時把不想看到或費心的事丟進去，維持身心的潔淨整齊。要開放心胸，大膽想像，擁抱浪漫，常保輕鬆。

 頻巽　我不斷練習容忍心與寬宏的肚量，也因為有容忍心才讓我不斷練習。

　　在復卦中也有頻復，復原的功夫要頻繁的自我修正，如此才能回到原來的樣子。修巽也需要用頻，一次的容忍不是真的大度量，頻頻的容忍才能顯出大度量。一次的扭曲不能測出彈性，要再三的扭曲才能測出彈性。

彈性比柔軟更進階，因為柔軟被扭曲之後，不一定有能力回復原形，而彈性可以。風是彈性的代表，因為風可以任意扭曲壓縮，然後無條件回復。可以不斷回復的本質，產生頻的能量。學習風的彈性與鬆動，養成耐折易復的身心，就是「頻巽」。

 悔亡，田獲三品　容忍擴大了，悔恨就減少了，如風的彈性幫我獵獲了眾多的獵物。

　　這個世界給我們兩種印象，一是很精確，一是很模糊。1 加 1等於 2 是很精確，一分鐘有六十秒也是。狗與貓誰比較可愛，有點模糊；三千年後的地球是什麼樣子，非常模糊。很精確的事物

是澤卦，很模糊的事物是風卦。巽卦有兩個風，所以是模糊中的模糊，雙倍的模糊。

做錯事以後回到精確的世界，會有後悔的心情。後悔的心情用酒精麻痺一下，回到模糊的世界，後悔又不見了。所以模糊會減少後悔的心情，精確會增加後悔的感受。藝術文學的領域也需要模糊，印象派的畫風，就是用模糊來勾起欣賞者豐富的想像，詩歌也是用模糊來勾出幽微的連結。

模糊就是鬆動，用鬆鼓勵動，是生命自由自在，逍遙快樂，無拘無束的樣子，這也是養生的不二法門，自然可以「田獲三品」。

 無初有終，先庚三日，後庚三日　我學風的下柔上剛，先虛後實，做事沒有一定的起點，但會到達一定的終點，學風的耐折與輕鬆逍遙。

「先庚三日，後庚三日」，就是丁戊己與辛壬癸，天干的十數就占了七數，以七代一，鬆動與模糊都有了，柔軟與彈性也俱備了，巽的大度量，把精確的壓力減到最低。

七比一剛好是一星期與一天的比。養生者要記住這個比，總是給自己七倍的寬容，給別人七倍的模糊或誤差度，用鬆動代替緊繃，生活會很浪漫，身心很輕鬆。

 巽在床下，喪其資斧　我的包容心太鬆散了，缺乏整理與秩序，最後把資金與工具都弄丟了。

風流浪漫，自由逍遙是巽的好處，太過頭的巽是雜亂無章，是雞飛狗跳，也有一定的壞處。人生需要有一個垃圾場，放置髒亂之物，但不可一輩子活在垃圾堆中。

　　精確與模糊其實互為手段。要求精確的心，看世界是模糊的；要求模糊的心，看世界是精確的。兩者要調節，有時精確有時模糊，可以形成美妙的韻尾。

\ Point /

　　在震卦 100100 中，我們講到氣韻的共鳴，如水波的重疊消長。巽卦011011 與震卦相錯，也自然有其韻尾連綿，如風吹樹梢，輕煙嫋冉產生的韻尾。在巽的世界，從精確到模糊，從模糊到精確，彼此轉換循環之間，會有很多美麗的韻尾。

　　在山谷中聽到迴音盪漾是震卦，我稱之「韻頭的共震」；在風中看到雲煙飄渺是巽卦，我稱之「韻尾的綿延」。韻頭、韻尾都是美麗的氣韻，都帶給我們無限的美感。

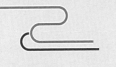 兌爲澤。 精確之心，浪花的養生

養生需要的精確之心，在觀察浪花時會得到靈感，不斷放大去看，會發現浪花中還有浪花，不停的浪中有浪、花中有花，在數學上稱之「碎形」，代表微觀世界求精確的行動沒有止境。理性的心喜歡精確，但是精確沒有止境，只好不斷的討論，好定出一個結論。感性喜歡真誠，表裡如一的精確。

　　兌卦 110110 是雙重的澤，澤卦是分開、演說、輸出、整理、選擇、秩序、聚焦、精確。兩個澤象徵開會討論事情，對分的立場，所以像在爭辯，又像在對唱。因為有純化、結晶的能量，所以像在尋求一個最後的共識，一種最佳的說法，最和諧的方案。

🌸 卦象說養生

　　養生者修兌卦，當求精確之心。用對談，開會討論，大鳴大放，建立經過共議的秩序。用交替的表演，相聲般的唱和，甚至激烈的辯論，編寫最精華的作品。經過和諧與對抗，導出精益求精的人生。我們的心從討論到結論，也在精確中成長。精確接近真實，真誠與誠實。

 和兌　我用唱和淘空心事，建立真誠的友誼。

　　講法得到了共鳴，商議得到了共識，是「和兌」。對抗的目的是和平共處，「和兌」的世界可以吵架，但不會戰爭，因為大家追求的是清清楚楚的心意，可以和氣生財，談天說笑的世界。

養生者修「和兑」，當言無不盡，知無不言，最有效率的共謀，和平的解決問題。

孚兑　我用真誠的對談，培養深厚的友誼與互信。

真誠可感動天，當然也包括能培養深厚的友誼與互信。

養生者修「孚兑」，當不可說謊，不可言而無信，不可避重就輕說話，不可吹牛自誇。講話力求精確，說明力求詳細。

來兑　對談只有來、沒有往，無法交到真心的朋友。

一般對談都是以對等的立場，雙方有來有往。「來兑」是有來無往，只聽不講，或是只重視我的說法，不管你的說法，造成不對等的情況。不對等的兑會產生偏斜與不公，與人交往沒有公平對等的相兑，自然不易深交。

養生者修「來兑」，當注意對等與公平的對談，有問有答，有問必答，有來必往，禮尚往來。

商兑　我和眾人商議利害得失，充滿不安，我藉此修正錯誤。

商，是商量、商議，借多人的智慧，商討出最佳的辦法。兩人的對談擴大了，就是多人的會商。「商兑」基本上是「和兑」與「孚兑」的升階，只是參與的人更多元。商是談生意，所以商機在商兑，利用多元的意見獲取資訊，總能在商兑中找商機。

養生者修「商兌」，當製造各種商兌的機會，百家爭鳴，百花齊放。商兌，是獲取多元智慧的捷徑。

孚於剝 我用最裸露的自白，換取朋友的信任。

真相被蒙蔽了，信任便消失了，脫去偽裝的外衣，信任才會開始出現。剝光自己的偽裝，不怕袒裎相見，是高階的兌。

養生者修「孚於剝」，要有超人的勇氣，因為面對自己的裸露，有時是很不堪的羞恥。《易經》說：「勇敢坦白，明心見性，面對羞恥，打開心結，迎向陽光，這是兌的功法，讓人晶瑩剔透，裡外如一。」孚於剝，不僅可以贏得朋友的信任，更可以破除自己的謊言。聰明的人很會騙自己，用謊言騙自己走在錯誤的路上，養生就是即早拆穿自己的謊言，找回真實的自己。

引兌 我用對談的吸引力，開創快樂溝通的人生。

兌的人生表裡如一，明心見性，談笑風聲，夫唱婦隨，共商生計，無羞無蒙，晶瑩剔透。這是很吸引人的境界。養生者修「引兌」，當開誠相談，快樂溝通。

人生不要作一個獨唱者，要扮演一個指揮家，帶領一團的交響樂團，熱鬧的演奏。在網路的時代，兌的熱度決定串流量的高低，是新世代的價值。要變成大家爭相談論的話題，就是「引兌」。養生用引兌，就不再寂寞孤單。

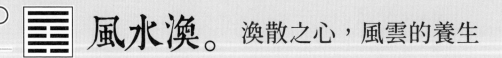

風水渙。 渙散之心，風雲的養生

養生需要的渙散之心，像風雲在天空中流浪，用時空稀釋苦痛，越過身心的界線與堤防，同時散播與傳染，形成圍著中心眼轉動的颶風，也是秒秒蒸發中的水氣，用最鬆散的自由連結最巨大的群聚。

渙卦 010011，是水的痛苦在風的吹遠中消散、稀釋。所以，渙可以治療痛苦，用更遠的時空，像是遺忘、淡化。但是萬一沒有淡化怎麼辦？如果水是病毒，渙就是病毒的擴散泛濫，是洪水的潰堤，是颶風的肆虐。所以渙可以療傷，也可以成災。

卦象說養生

養生者修渙卦，當有渙散之心。不要自閉在自己的世界。養生有療傷的需要，心的傷用時間去遺忘，用空間去稀釋。養生有自由逍遙的需要，給自己自由，也給別人自由，用自由連結更大的群聚，用多元的聚散體驗自由。養生有擴散的需要，擴散我們的智慧，血脈及服務。

 用拯馬壯 時空像一匹溫柔的馬，我乘著它的強壯，離開痛苦。

風是一匹強壯的馬，可以載著我的傷痛遠走高飛，離開我的傷心地，等待很久很久以後，我把傷痛都淡忘了，我就會找回快樂的自己。

養生者修「馬壯」，當有如風的行動力，追高、追遠。痛苦最怕鑽牛角尖，把痛苦往心中塞，讓自己沉淪在痛苦的深淵中。風是輕的，因為它像強健的馬，用風的輕載走痛苦。養生當會減輕傷痛的方法。

 渙奔其機 萬物在流浪中尋找新的機緣。

　　沒有渙的行動力，就沒有機緣的碰撞。在大風中才有大的碰撞，所以把自己送進大風之中，像一滴小水滴，不怕流浪再遠，當風停歇時，總會有一處棲身安命的地方。

養生者修「渙奔其機」，當有壯遊天下之志，不要留戀傷痛的回憶，要尋找更大的風雨，參與大時代的變動，有動盪中尋找命運中的天機。

 渙其躬 我用流浪還原自己，不再用生活扭曲自己。

　　流浪不是為了尋找孤獨，是要還原沒有傷痛的自己。不為了處罰自己，是要校正扭曲的自己。

養生者修「渙其躬」，當越過自己的界線，擴到無窮大的地步。利用更大的自己來淡化身上的傷痛，鬆開扭曲的身心，稀釋不如意的回憶。

渙其群，元吉　渙散帶來自由，自由帶來群集，我用最大的自由吸引最大的群集。

　　大風是小風的群集，也是小風的渙散與展開。渙，是水越過堤防，四處泛濫，也是水蒸發在天空，群集成雲。渙與群本是相反的力量，但冥冥中又相生相助。《易經》說：「渙與群之間，存在既自由又聚合的關係，這是事物擴大自己、繁衍自己的最強模式。」

養生者修「渙其群」，當深思自己與時空的關係，勇敢越過個體的界線，尋找更大的我，複製更多的我。作一隻快樂的病毒般，快速的傳播自己，變成最興旺的族群。

渙汗其大號，渙王居　流汗可散去燥熱，大聲哭喊可排解悲傷，國王把王宮拆散了，可擁抱四方之民。

　　身體太熱時會流汗，心裡太傷心會大哭，所以渙可以消解燥熱與傷痛。汗水不會遺憾離開了皮膚，因為它保護了主人，同時擁抱了天空。離開了王宮，國王可以擁抱萬民，真正的王宮在萬民愛戴的心中。

養生者修「渙王居」，當有捨小取大的智慧，大丈夫以天地為家，流浪在千古的傳承中，永恆於風水的渙聚，逍遙於沒有得失是非的自由，正是莊子的養生論。

渙其血　我把寶貴的血渙散到遠方，優良的血統會如春花，開滿異邦的國度。

如果血中有毒，把毒血放出來，可以救命；如果血是珍貴的遺傳，把血統遠播，可以繁衍優良的後代。

養生者修「渙其血」，就學樹木用花果的傳宗接代，把最珍貴的血統，散播到最遠的國度。養生不再是養一人的歲月，而是養子孫滿堂，家祚綿長。

水澤節。 縮節之心，除法的養生

養生需要的縮節之心，縮小自己來度過困難，用除法把完整的一分節的智慧，利用節的縮小與接續來增加動靜的靈活，以斷求曲，以節約來管理浪費，以簡約來創造生命更精緻的光熱。

節卦 110010，是渙卦 010011 的相綜。渙卦講擴散與傳播，節卦則講縮小與簡約。分節後的火車，可以在彎曲的山路上行駛；分節後的付款，可以買房子；分節後的關節，可以靈活的動作；節約的開支，可以度過人生的低潮；節能的技術，可以救地球；一本書分了章節，說明更清楚；音樂有了節拍，在化同變異上更豐富。關節是讓事物可以彎曲變化的點，但又不用破壞它的連續性。節在數學上是除法，是探討小於 1 的分數世界，但又不會是 0。節創造了一個介於 1 與 0 的分數世界，是一個與 1 到無限大一般大的世界。

卦象說養生

養生者修節卦，當有分節與縮小的心。把困難縮小，就是把容易擴大；把心縮小，就是把事物放大。如此一來，我們可以看得更清楚，更快找出解決的方法。節也是減少開支與浪費，尤其是生命與健康的浪費。使用節拍是把握韻律的方法，在生活中加入音樂般的節拍，像心跳一樣，這是最安撫人心的藝術。養生需要用節，可以把困難變簡單，把僵直變靈活，把不足變有餘。

不出戶庭　在有限的空間和自由下，我練習縮小而圓滿的幸福。

　　節與時空的關係是微妙的，明明是有限的空間，也可以活出豐富的每天；明明是幽長的禁閉，也可過得如天地永恆。

養生者修「不出戶庭」，當用節的智慧守困，在戶庭之內養天地心，在禁閉間享受四季春。真正的自由是心的飛翔，是思想的靈動，是在節氣中的跳躍。

不出門庭，凶　一成不變的用節，放棄與外界溝通的努力，等於把自己幽禁在黑暗中。

　　當身體被限制了，心要維持自由的飛翔，當心也受到壓制，放棄了思考與溝通，這個節變成死節，把心鎖在與外隔絕的節點裡，這是很愚蠢的作法。

養生者修「不出門庭」，當小心不作死節自困，把心困在隔絕的門後。開門、閉門可用節，留下溝通的口岸，又有節制的分寸。

不節若，則嗟若　我用節教音樂有節拍，情緒有節制，生活有節慶，如此人生變精巧了，心情變輕鬆了，不再長吁短嘆。

261

節是生活的必需。用除法把事物分節，讓它更容易上手，更省力省錢，更精細可喜，像身體的關節，是讓肢體靈活的必需。

養生者修「節若」，當全面用節養生。音樂的節拍、情緒的節制、歲月的節慶、支出的節省、相處的禮節、做事的節骨眼、伸屈的關節、事業的節度、故事的細節，四季的節氣，創作的節韻，都是用節。

 安節　我用節奏來安定生活，用禮節來安心交往。

　　用節後的心情是安定的，因為多了節奏的重復與熟悉。有禮節的交往是安心的，因為多了細節分寸與倫理考量。

養生者修「安節」，當用節求安，在節中得到安足、安適、安心、安定、安全。有些節會帶來不安，譬如不正確的節拍，太嚴厲的節約，太擾民的節慶，太繁瑣的禮節，太冗長的細節，太吝嗇的節省。安，可以評估節的好壞，養生用安節，自然利多。

 甘節　我用節把生活變容易了，我的心因為用節而更喜樂。

　　更進階的用節，是增加喜樂甘甜的心情。

養生者修「甘節」，當以甘苦來分節的優劣。用節後的生活更安足，快樂加多，生活豐富，效能加速，靈活度增加，能力變強，心情更輕鬆愉悦，就是「甘節」。

苦節 我把節用錯了，限制自己尋找美好的未來。

　　古代的貞節牌坊，限制女子再嫁，要為亡夫守苦節，這是荒誕的節。《易經》說：「『苦節』不能守。」節，不是用來製造更苦的人生。教人民縮衣節食，好讓國王酒池肉林，縱情聲色。明明讓有能力的女子讀書、參政，是時代的進步，偏偏用嚴刑峻法來禁止。縮小了自己，反而讓未來更苦；節約了花費，反而讓生意凋蔽，都是苦節。

養生者感受到「苦節」，當勇於說不，不接受苦節的說法，也不強加苦節於別人身上。用節的智慧，就是追求甘節、安節，遠離苦節。

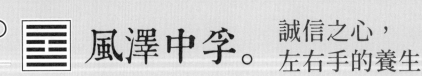

風澤中孚。 誠信之心，左右手的養生

養生需要的誠信之心，像左右手間的相信之道，心通之道，是演出與觀賞（臨觀）的合體，兩顆心靈的超覺感應，每一對擁抱同心圓的雙方，在富含思想與意義的宇宙中快樂連結，像懷有同樣的孩子的母親們。

中孚卦 110011 與節卦 110010 只差一個剝卦 000001。所以節與中孚是彼此的剝局，「甘節」到了盡頭，就是中孚的「心通」。心通到無窮遠，等同縮節到無限小。中孚也是一個大火 101，如果 101 是一個中空的圓，中孚就是兩個同心圓。像兩個母親的子宮相疊，懷著同一個胚胎，也像擁抱再擁抱，雙重的擁抱。如果火是相信，中孚就是相信中的相信。如果火是相通，中孚就是相通中的相通。有一種連結，超越相信或懷疑，超越相愛或相恨，就是同卵雙胞胎間的心意相通，或稱之「心通」。

我見過信神者也有類似的心通，他相信神相信他，他擁抱神的信，一如神擁抱他的信，在他與神的互信中，默默形成了一個超大的迴圈。所以中孚講一種互信的心靈，可以越過不同的宇宙來溝通。

🌼 卦象說養生

養生者修中孚，當修心中的信，相信愛、真理、生命，存在心通的媒介，看不見的、摸不到的、想不出來的、還有未來的。中孚卦的至美，在它的若有若無的連結。即使是最輕的一個念頭，也會讓我們終生含笑。即使在夢境中的一幕，也能隱約感受到綿綿的懷抱。

虞吉，有他不燕 我用懷疑來相信，心情依然處於好吃醋的階段。

大信來自小信，小信來自疑神疑鬼的辯證。心在選擇相信之前，習慣用懷疑來驗證，這是小信的世界，沒有厚實的互信基礎，所以風風雨雨，充滿醋海的波瀾。

養生者修「虞吉」，當知相信的本質是懷疑，沒有懷疑，相信便失去界線。被懷疑時，不用生氣，這是對方準備相信的前兆。

 鳴鶴在陰，其子和之，我有好爵，吾與爾靡之 鶴母子間用鳴叫聲溝通，朋友間用分享好酒來建立情誼。

相信始於懷疑，卻用相和、相親的心來累積，是天性，也是經營；是天賦，也是學習；是溝通，也是分享。

養生者修「鳴鶴好爵」，當修給與受，鳴與聽的互動，一邊感受愛的訊息，一邊發散愛的心意，長久經營，自然心靈相通。

得敵，或鼓或罷，或泣或歌　相信的敵人是懷疑，絕對的相信來自絕對的懷疑。

　　相信很美，但會消長，任何美感、情感、信任感都非一成不變，因為心不是石頭做的。樹枝在風中會左右搖擺，相信在成長中會起起伏伏，這是天性自然，無法強加限制。再強的相信，也有離間的可能，只有耐心度過懷疑的考驗，最後的大信與靈通才會來臨。

養生者修「得敵」，要有平常心和耐心，也不用排斥這種心性的波動，它是歌聲一樣有節韻的起伏，欣賞它的美感，不要放棄人生的心通。

月幾望，馬匹亡　月將滿，柔順的馬就消失了，比喻相信的心因為太滿而裝不下其他的相信。

　　相信是心的黏著劑，但是相信太強了，就是頑固執著，甚至是迷信。很強的相信會激發很強的力量，完成可歌可泣的事業，很強的迷信也會造成巨大的悲劇，抹殺很多無辜的爭辯者。

養生者遇到「月幾望」，當反思自己的相信是否會傷及無辜，或是造成爭鬥悲劇。許多宗教的戰爭，都是月幾望的產物，因為容不下別的宗教，所以用殺伐代替容忍。相信愛，不要因為相信愛而恨人。相信神，但用柔順而非戰鬥。

有孚攣如　我依賴相信，像左手、右手互相信賴。

　　相信的關係應該學習左手與右手的關係，不一定要做一樣的事，出一樣多的力，但可以相互合作，心通而手閒。沒有相信也可以攣如，沒有懷疑也可有孚。

養生者想修「有孚攣如」，只能抱著可遇不可求的心理。同學或愛人之間要培養這種心通有困難，但在戰場上同袍之義可能可以比擬。因為同袍生死與共，浴血作戰，忠義相挺，肝膽相照，所以類似攣如。

翰音登於天，凶　小小的雞啼聲竟然上達天聽，比喻用小小的例證來推測大大的假設，往往錯誤百出。

　　科學上相信要靠事實與證據，也靠推測。但很多有強烈證據的相信，彼此矛盾，怎麼辦？我修了兩個博士，深知證據再多，推測都會錯，何況一點點證據，就作巨大的推測，當然錯誤百出。相信常被心所扭曲，扭曲後的相信常常被謀權者利用，變成了偽理或荒誕之言，就是「翰音登天」。

養生者遇「翰音登天」，當知這是中孚的陷阱，充滿人為的假知、偽理。養生可以容許一些假知，姑且信之，求個心安即可，切不必因此與人爭吵或樹敵。

雷山小過。 細節之心，毛毛蟲的養生

養生需要的細節之心，想像毛毛蟲的世界，總是在細節處慢慢前進，讓心可以停在過遇之間的剎那，是最慢的前進，最微小的超過，最詳細的了解，也是事物經過後的餘音，短暫的殘影，動靜間的折衝，在細節裡的糾纏。

雷山小過卦 001100，與中孚卦 110011 是相錯卦。雷是動，山是靜，雷山就是最靜的動，是很慢的前進與經過，像時間軸上的一小點，是過去與未來的交差點，也像一隻飛鳥，貼著地面低飛而過。中孚講最遠的心通與互信，小過則講最緊密的折衝與糾纏。把時間變慢，小過就開始顯現，我們會看到時間的細節，事物開始用慢動作變化著。很多成敗的關鍵存在細節，在巨觀世界是看不到的，小過可以幫我們看到。

卦象說養生

養生者修小過，可以練習把時間放慢，把事物放大，把細節顯現出來。活在細節裡是美妙的，把心放在很短的時間格中，相對的人生就變很長久。只是常常如此很耗費心力，也不是長久之計。重要的、關鍵的、需要深入細節的，可以用小過處理。其它的就用平常心，一些事應該用割捨或放空的，反而不宜用小過。

小過卦的另一個缺點是太小心眼，常常為了小事而糾纏不清。養生用小過，可以活在當下，品味細節的美麗。不用小過，可以寧靜致遠，相忘於江湖，各有優劣。

飛鳥以凶 我是隻小鳥,我飛高、飛遠來躲過凶險,但飛高、飛遠本身更凶險。

我們常羨慕鳥會高飛,但「會飛」這個本事,耗去鳥很多的生命力,不會飛的我們,反而得到很多節省心力的好處。《易經》說:「凡事想求高、求快就要付出代價,因為不快、不高的世界會修理你,在你慢下來、停下來時,用很多細節修理你。」

養生者修「飛鳥以凶」,要小心計畫求高、求遠的事,盡量先打好基本功,先研究好細節脈絡,寧願慢,不要快;寧願等,不要衝;寧願落後,不要搶先;寧願不足,不要過頭。

過其祖,遇其妣,不及其君,遇其臣 在人生的路上,我與人相過、相遇、相等待,有時等不到本人,就選擇替代的緣分。

在時間軸上,我們與別人的關係可以分過去的、現在的、未來的。時間會慢慢位移,人的關係也會,先認識君王,再認識臣子,再認識家屬,如此綿延下去,自然而漸進。小過之美,就是細緻與溫柔的演進。

養生者修「過遇」,當放慢人與人的相處,總是享受當下的交誼,延伸相識的樂趣,細緩而流長,纖柔而雋永。

弗過防之，從或戕之 我拒絕讓未來變成過去，想逆轉過去，失去了安定的心。

小過的缺點，就是容易在細節處糾纏，在動靜間爭執，在收放得失處遲悔。太注重細節時，禮多而繁褥。所以小過太多變成大過，反而讓人陷溺而難行。

養生者要防過多的小過，不讓細節絆住了前進，不為求精確而誤了效能，應該適當的使用小過，離開小過的糾結。

 弗過遇之，勿用永貞 我用最細心的態度面對相遇，如此延後了美好消失為過去。

人生的至美，藏在過與遇之間，也是時間的定格，動作的靜止，位移的放慢。驚鴻一瞥，電光石火，滿天流星，令人無法忘懷。再醜的人，都藏著剎那的至美，可以是一個眼神，一個淺笑，一聲呼喚，一個揮手。事物的迅速消失是美的原力，因為不能再現，所以珍貴無比。

養生者修「弗過遇之」，就要練習剎那之眼，小過之心，把美麗的感受用最慢的鏡頭捕捉下來，用片刻的感動貫穿一生的記憶。

 密雲不雨，自我西郊，公弋取彼在穴 小心謹慎的我，用密雲不雨的積心，等待必勝的出手，我用最詳細的沙盤推演，先把獵物逼到死穴，把成功變成囊中之物。

《孫子兵法》有云：「細算者勝。」考慮精密，準備周全，詳細的推演，是把成功變成囊中物的戰法。要把事情做好，事前的準備一定不能少。

養生者修「密雲」與「公弋」，就須多思慮，慢出手，套路準備周全，總是用囊中取物的設計來成功。這些小過的優點，對急燥的、魯莽的、不周全的、輕率的、粗心的習慣，都是最好的治療。

 弗遇過之，飛鳥離之　我沒有把握相遇，像飛得過高的小鳥，錯過了棲息地，遠離了安全。

粗心了，鬆懶了，輕慢了，小過的能量消退了，我們開始錯過美好的事物，錯過了小過的至美與幸福，這是令人扼腕的浪費命。

養生者應修正「弗遇過之」的習慣，像閱讀時不求甚解，談話時心不在焉，常神遊太虛，旅行時總是蜻蜓點水……這些習慣讓人活得很淺、很淡，都不是養生的好習慣。

水火既濟。 調和之心，
調酒師的養生

養生需要的調和之心，像調酒師的日常，總是用適足的酒水調和客人的滿足之道，利用萬物相生相剋、陰陽調和、剛柔並濟的性情來尋找滿足點，尋求對稱且平衡的完美，用互補長短優缺養生，追求剛剛好的人生。

水火既濟卦是 101010，水在上、火在下，剛好彼此相濟，因為水冷火熱，水流下，火炎上，彼此中和了對方的缺點。濟是救濟，幫忙，也有到位滿意的意思。人生用濟來看，總是介於既濟與未濟之間。人生不容易達到絕對的既濟，只能相對的既濟。也許可以一時的既濟，但是始終如一的既濟是稀少的。

既濟是幸福的，但是未濟不一定不幸福，因為心中有了缺生命或許更強壯。有缺、沒缺可以很客觀，但大多是主觀的，唯心的。滿不滿意也是，今天的滿意，可以是明天的不滿意。所以既濟很難，不是好命很難，是讓心滿意很難。

🌸 卦象說養生

養生者修既濟，應思考圓滿的意義、功法與得失。圓滿的客觀面是中道，一半火，一半水最圓滿；一半難，一半容易最圓滿。這與通俗的圓滿觀念不同，通俗的圓滿是全部要容易、要光明，不要困難不要黑暗，其實《易經》說這不是圓滿。想像一下，一生都很容易，真的幸福嗎？一生都很亮，就會讓自己快樂嗎？幸福應該是遇到困難，總能找到

容易；遇到黑暗，總能找到光亮。所以既濟的一半一半是可以相幫助的兩半，而非彼此爭吵的兩個壞壞半。

曳其輪，濡其尾 　轉動中的輪子，有東西卡住；渡河的狐狸，尾巴被水沾濕了一點，比喻對每一件事，心都會在滿意與不滿意間搖擺著。

　　要有相對稱的智慧，就是順與不順，滿與不滿，都要俱在，輪轉與卡住都在，初看是相剋，但在今天看來，正好是車輪與剎車的關係，有剎車的車輪當然更好用。

　　養生者修「曳其輪」，要看出相剋相對的用處，不要只看到彼此相剋相阻的缺點。滿意可以消減不滿意的心，不滿意也可以提升滿意的高度。英雄可以懲治惡人，惡人可以彰顯英雄，人生就是在對稱中完美。

婦喪其茀 　婦人把遮陽的扇丟掉了，美貌因此被發現了。

　　得失的並行，缺圓的接續，是人生最奇妙的事。事情都有困難與簡單的兩面，把困難丟掉，簡單就進來。

養生者修「婦喪其茀」，要練習轉念的智慧。很多困難是自己養大累積而來，輕輕丟掉，簡單就跟隨而來。丟掉不滿，滿意就出現。

 高宗伐鬼方　火水相剋，火與水的戰爭耗時多年。

　　正邪之戰自古即有，水火相剋也是耳熟能詳，戰爭不是既濟，但是敵對的雙方隱藏著既濟。文明與野蠻有了砌磋，彼此有了學習、分享、反省，所以戰爭間接促進了融合。如果有一天和平來了，新的文明多了亦正亦邪的元素，禮樂多了熱情，規矩多了動能，文明多了質樸，藝術多了歸真，才是更美的既濟。

養生者修「伐鬼方」，不可只想消滅野蠻的對方，也要革除文明的弊端。既濟之美，正是剛柔並濟，正反並容。既濟的方向，指引了化戰爭為和平，化對抗為融合的方向。

 繻有衣袽　發揮水與火的互補，火的空洞可用水的阻擋來修補。

　　火是開通，水是阻擋，船底開了洞，是火開通造的禍，要用衣布塞住，塞住是水的幫助，如此火與水反轉了開通與阻擋的好壞。相對稱的事物在互補中完成了既濟。

養生者修「繻有衣袽」，要學水火相補的智慧，在各種反轉的環境下靈活應用水火的互補，化相剋成互補，是多麼神奇的智慧啊！

東鄰殺牛，不如西鄰之禴祭，實受其福 殺牛拜神是更大的敬意，禴祭是簡單的祭品，也許比較不敬，但是周公說，祭受到的福更多。

這是滿意心的奧義，祭的期待心較少，所以滿意心更高。祭品較簡單，所以更能持久敬神。

養生者修「禴祭」，要學平常心與簡單心，用較低的期待值，帶來較高的滿意心。期待愈高，既濟愈難。人神之間，父子之間，夫妻之間，朋友之間，都不可心存過高的期待，如此在付出與服務對方時，就更能滿足於彼此的回饋，帶來更持久的美好。

 濡其首 一杯水可解渴，太多水會滅頂。

既濟是用水幫忙解渴，一杯水可解一時的渴，太多的水會讓人窒息。所以既濟不可求極限大，適當的量與時機來幫人解渴，才是完美，才是既濟。

養生者要小心「濡其首」，延伸它的意義。適量的錢可以濟貧，但給太多會讓人扭曲了本性，養成不賺錢的惡習。適量的酒可以怡情，太多酒會讓人沉溺上癮。所以凡事取適足與平衡互助，可以接近既濟。

火水未濟。 不足之心，老和尚的養生

養生需要的不足之心，像老和尚的養生術，守戒的生活，抱殘守缺的訓練，擁抱不完美的未來，待續的結局，在不調和、不滿足的現實中修備滿足的心意。當世界充滿不互助的對抗，貪心的期待，眾生皆醉時，老和尚依然在未濟的缽聲中修習佛法的未濟。

未濟 010101 和既濟 101010 相綜且相錯。既濟是滿意，水與火相調息，互助互補。未濟則相反，是不滿意，水與火各自發展，互相幸災樂禍。出家人守戒律，不能吃肉、不能結婚、不能破戒，也是未濟，用不滿足來訓練心的強大。作家寫書到了終篇，覺得故事還沒說完，可以再寫續集，也是未濟。雖然不足，但並不氣惱，反而神氣十足，心中喊著還要、還要！人性求完美，但未濟擁抱缺陷，因為完美太高，所以每天活在缺陷中；因為不滿足，所以沒完沒了，永遠有一個明天。

✿ 卦象說養生

養生者修未濟，當學習守缺而足，滿足於不完美的現實。貧窮是未濟，安貧樂道，一瓢食，一簞飲，不改其樂如顏回，更是未濟。體重太重，百病叢生是未濟，執行減重計畫，忍受飢餓的煎熬，更是未濟。未濟可以反轉未濟，用未濟的行動改變未濟的現實。把缺陷看成精進的機會，永不止息的尋找完美。

濡其尾　小狐渡河，尾巴被水沾濕了，雖然安全渡河了，可是仍有不滿意。

　　把滿意的高度提升，不滿意就出現。所以不滿意離不開滿意的期待，沒有期待，沒有標準，就沒有不滿意。未濟不一定有客觀的理由，既濟也是。

　　養生者修未濟，當知滿意與滿意都有它的道理，也有它的用處。滿意可以開心快樂，不滿意可以改進缺失，各有殊勝。

 曳其輪　要發現不完美很簡單，把注意力偏向一邊，只注意輪子的轉動，並且想像著最極致的程度，「曳其輪」就是不完美。

　　如果想到有剎車的輪子更好用，曳其輪就是完美，就是既濟。

　　養生者修未濟的「曳其輪」，就用不滿意的想法對付曳的元素，想辦法把曳除去，讓輪子完全沒有剎車，可以跑得更快。還可以往推其輪、飛其輪、光其輪來研發，永無止境的改進。

未濟，征凶，利涉大川　不滿意的心，激發我出征作戰的決心，但是未濟的征戰又不會勝利，不如去遠行觀光，學習他國的優勝。

空有未濟的想法，沒有未濟的準備，征戰當然不勝。

養生者修「未濟，征凶」，當知未濟的凶險，就是一絲的不滿，也能挑起一場戰爭，也能帶來浩劫般的慘敗。既濟時的水火調和、剛柔並濟才是勝利的實力，當內部還處於水火紛爭、剛柔糾纏，以此征外，自然不勝。養生當先調和身心，再求對外擴張。先有既濟，再謀未濟。

 震用伐鬼方　我用不滿意加強軍備訓練，終於可以用滿意征伐不滿意。

用未濟來要求整備訓練，自然接近既濟。用既濟之師，攻未濟之「鬼方」，自然能勝。

養生者應用未濟求既濟，用不勝求必勝，輪轉水火，變化優缺，養生如用兵，用險而安，真大用也！

君子之光　把覺得不足的貪心，化成精進的虛心；用不滿的現在，經營圓滿的未來，期待將來更好，是君子未濟的智慧發光、發熱。

養生者修「君子之光」，當優游於未濟、既濟之變，貫穿缺損與圓滿的高牆，退則安貧樂道，進則臥薪嘗膽，樂於抱殘守缺，勇於破圓革滿，不避陋室，不驕廟堂，進則猛於狼虎，退則十年閉關。無畏無悶，無滿無歇，所謂君子。

有孚於飲酒，無咎，濡其首，有孚失是 酒是火做的水，可以澆愁，可以壯志，正是未濟的媒介。但是太多的酒讓我醉了，酒醉與清醒的我，對彼此的未濟都不滿。

水的未濟是太冷酷無情，火的未濟是太熱情浪漫。在水火之中未濟，就是水深火熱；在水火中既濟，就是水火調和。「有孚於飲酒」，是教人要水火調和。「濡其首」，是勸人不可多飲酒醉。

養生者修未濟，當知樽節飲酒，不要常常過飲，但也不必禁絕喝酒，載愁舉憂一生不歡。「人生得意須盡歡，莫使金樽空對月…………與爾同銷萬古愁。」人生未濟多，養生智慧何其博大精深，借用《易經》抒發一二，願與讀者共勉之。

養生與易理，問題與解答

　　養生的問題很多元，最基本的是食衣行育樂，其次有健康與衰老生病，再來有工作、事業、人際關係、家庭、理想、學習、修養、價值觀、自我實現的問題。養生的問題比較單純，營養師、醫生、復健師、體適能師、各種專家都可以提供專門的養生意見，只要適當的奉行，應該可以維持一定的水平。

　　養心的問題比較複雜，心要怎麼想、如何決定，喜怒哀樂，善惡美醜，沒有一定的道理。把心養好，養生自然順遂。養心的問題用《易經》六十四卦來整理，是很對稱周全的分類，用了三千年了，也深入我們的文化，有的早已是養生的座右銘，像自強不息的乾卦，溫柔願意的坤卦，公平敬慎的謙卦，勇於改變的革卦，否極泰來的泰卦。

　　本書偏重養心的智慧，把《易經》用上，更把卦的六爻用上，讓爻辭的變化與養心智慧更緊密的勾對，目的是探討更豐富精微的易爻智慧。現在，我就養生的問題與易理的勾對，再整理一次。

　　乾卦的抗逆心可治療柔弱與自我矮化。坤卦的願意心可治療固執與自大不聽話。屯卦的行難心可以治療衝動與貪快的脾氣。蒙卦的問答心可以治療害羞與自欺。需卦的相吸心可以治療過當的飲食與欲求。訟卦的相斥心可以治療無謂的紛爭與矛盾。師卦的作戰心可以治療散漫與失敗症。比卦的親盟心可以治療自閉與孤僻。小畜卦的積變心可以治療無趣與呆板。履卦的擇安心可以治療魯莽與粗心。

　　泰卦的交換心可以幫助冷漠與封閉。否卦的休眠心可以幫助

逆境時的浪費。同人的求同心可以幫助度過孤陋。大有的求異心可以幫助貧乏。謙卦的兼愛心可以修正不公與自私。豫卦的輕快心可以修正怕麻煩與愁苦。隨卦的跟隨心可以修正失序與忤逆。蠱卦的較量心可以修正驕貴與孺弱。臨卦的演出心可以修正遲緩與空想。觀卦的遠觀心可以修正多言與紛鬧。噬嗑的修正心可以修正暴食與犯錯的習慣。賁卦的美化心可以修正俗氣與不雅。剝卦的終局心可以修正頹廢與半途而廢。復卦的再生心可以修正迷戀與上癮。

無妄的平常心可以克服非分的妄想。大畜的積富心可以克服貧窮。頤卦的大圓心可以克服失去生命的恐懼。大過的不凡心可以克服平庸與惰性。坎卦的超維心可以克服怕難與自困。離卦的複製心可以克服孤單與消沉。咸卦的感性心可以克服鈍感與冷感。恆卦的守恆心可以克服短視與僵硬。遯卦的退藏心可以克服貪進與招搖。大壯的正大心可以克服好勇與得理不饒人。晉卦的大名心可以克服畏縮與無知。明夷的用晦心可以克服誹聞與醜聞。

家人的組合心可以減輕寂寞與漂泊感。睽卦的對分心可以減輕愚蠢與盲目。蹇卦的盾護心可以減輕不安與意外。解卦的破解心可以減輕仇恨憤怒。損卦的減法心可以減輕貪婪與自私。益卦的幫助心可以減輕無助與無力感。夬卦的精快心可以減輕散慢與落後。姤卦的共生心可以減輕好鬥與無禮。萃卦的結晶心可以減輕雜亂與輕浮。升卦的升華心可以減輕潔癖與沉淪。困卦的守困心可以減輕自困與自惱。井卦的通達心可以減輕閉塞與退怯。

革卦的改變心可以改革守舊落伍的心態。鼎卦的創新心可以改革反覆無常的習性。震卦的共鳴心可以改革冷淡與自閉。艮卦的相安心可以改革多事與不甘寂寞。漸卦的演化心可以改善停滯與退化。歸妹的祝福心可以改善小氣與游移不決。豐卦的擴張心

可以改善好大喜功與吹噓的習慣。旅卦的聚焦心可以改善分心與喜新厭舊。

巽卦的彈性心可以防止焦慮與不知變通。兌卦的精確心可以防止專橫與粗暴。渙卦的渙散心可以防止鑽牛角尖與強迫症。節卦的縮節心可以防止浪費與守苦節。中孚的誠信心可以防治自欺與欺人。小過的細節心可以防治錯過與過失。既濟的調和心可以防治極端與偏差的心理。未濟的不足心可以防治自滿與抱怨的心態。

養生需要智慧，《易經》的智慧很好用。

國家圖書館出版品預行編目資料

易經說養生先養心：用六十四種養生智慧美化人生／趙世晃◎
著.——初版.——台中市：晨星出版有限公司，2022.03
　　面；公分.——（勁草生活；529）

ISBN 978-626-320-087-6（平裝）

1.CST：易經　2.CST：養生

121.17　　　　　　　　　　　　　　　　　　111000938

勁草生活 529	易經說養生先養心： 用六十四種養生智慧美化人生

作者	趙世晃
主編	莊雅琦
編輯	洪絹
網路編輯	邱韻臻
校對	趙世晃、洪絹、莊雅琦
封面設計	賴維明
美術編排	林姿秀

創辦人	陳銘民
發行所	晨星出版有限公司 407台中市西屯區工業30路1號1樓 TEL：04-23595820　FAX：04-23550581 E-mail：service-taipei@morningstar.com.tw http://star.morningstar.com.tw 行政院新聞局版台業字第2500號
法律顧問	陳思成律師
初版	西元2022年03月23日

讀者服務專線	TEL：02-23672044／04-23595819#230
讀者傳真專線	FAX：02-23635741／04-23595493
讀者專用信箱	service@morningstar.com.tw
網路書店	http://www.morningstar.com.tw
郵政劃撥	15060393（知己圖書股份有限公司）

印刷	上好印刷股份有限公司

定價 400 元
ISBN　978-626-320-087-6

可至線上填回函！